江戸落語図鑑

落語国のいとなみ

江戸落語図鑑　落語国のいとなみ……目次

はじめに

本書は「図鑑」と銘打っておりますが、働く自動車がずずっと並ぶような正統派じゃありません。事柄のご案内にあたって、それにまつわる絵をふんだんに使い、絵解きをする古典落語の図鑑です。

大まかな作りは、江戸時代の仕事、遊び、暮らしをテーマに三つの章に分け、全五十話の演目を紹介しています。一話四頁で完結するので、興味のある噺が目についたら、どこからでも読み進められます。八五郎や小僧の定吉はどんな演目にも現れて自由自在に振る舞いますが、その仕事や遊びぶりが自然に分かるような構成にしています。

各話の終わりに二題コラムを載せています。冒頭の『時そば』なら江戸時代の時の数え方や、そばの値段の十六文にちなんで一文の価値についてふれるなど、これも図付きの豆知識の頁です。今とは異なる社会の仕組みや決めごとを知っておくと、実際に聴く時、より楽しいですから。

図版は三五〇点余り登場します。『へっつい幽霊』の「へっつい」とは、『らくだ』の終盤で踊らされる「かんかんのう」とはどんなものか。あるいは

口上を申し上げます

耳から入っても思い描きにくいもの、例えば『鮑のし』の甚兵衛さんがお寺の屋根に来るのを待つ「鳳凰」とか、『富久』で火事の火元になったという「糊屋の婆さん」など、噺の主題からは遠いものでも絵を載せました。婆さんはちょいちょい顔を出すのに、海苔でも商っているのかと誤解を招きやすそうなので、普段の仕事ぶりが分かる図です。

落語を聞いていると、今の暮らしには馴染みのない事柄がごまんとでてきます。はて、それはどんなもの？　と疑問を抱いても噺はずんずん進んで行きます。緡《さし》、というものがありました、江戸時代に。これは穴の空いた銭に通して束ねるのに使う紙縒《こより》のようなものです。かつて小三治で聴いた『鼠穴』の枕で師匠は、その材料になる桟俵《さんだわら》を買って来て、ほぐし、緡をこしらえて売り歩くところから主人公の人生双六を始めます。よく出来た噺で、大どんでん返しで幕になる。はて、緡ってどんな形だろうと気になって、あとで調べました。いくつかの資料を当たって図を発見したときは、これが銭緡かと感慨深いものでした。

知れば一層楽しくなる、落語国から見る江戸の暮らし。多少なりともお伝えできれば幸いです。

第一章　江戸のなりわい

八つぁん、熊さん、若旦那……仕事の現場を覗き見る

【出商い】時そば
唐茄子屋政談
芝浜　井戸の茶碗
【商家】百年目
質屋庫　百川
【道具屋】火焔太鼓
茶金　金明竹
【交通】船徳
巌流島　蔵前駕籠

日々の暮らしを支える出商人

●出商いは、日用の品を売り歩く

江戸時代には、実に多くの出商《であきな》いの人たちが往来していた。町内には魚屋にしろ乾物屋にしろ、なかったわけではないが、大方は棒手《ぼて》ふりと呼ばれる小商人が肩にしてくる品物で、毎日の惣菜を賄っていたといってよい。こうした商人の出てくる噺の代表が『時そば』。かぼちゃを売るはめになる若旦那の『唐茄子屋《とうなすや》政談』、根は働き者の魚屋が大金を得て道を間違えそうになる『芝浜』も江戸の町にはい

■時季には棒手ふりが担いでくる初鰹（質屋すずめ）

■お得意先に仕入れたばかりの魚を届ける魚屋。『素人庖丁』の一こまだが、その場で捌くこともある。

くらでもいた人たちだ。

●買い歩く商売もある出商い

屑屋の清兵衛が右往左往する『井戸の茶碗』。これは買い上げた品物をめぐるドラマだが、屑屋は反古《ほご》紙や要らなくなった雑器などを目方で買う商売。ほかに古傘買い、古着買い、灰買いといった専門職もいて、買われた物は生まれ変わる仕組みがしっかりあった。

●技を売る出商いもいる江戸の町

壊れた物は直して使うのが当たり前だった時代には、修理を生業にする人も往来を流した。履物や鍋釜、算盤と多岐にわたるが、噺の世界では煙管の羅宇《らう》をすげ替える羅宇屋が主役の『紫檀楼古木《したんろうふるき》』、第三章で紹介する『たがや』などがある。

このほか、『茶金』の油売り、『富久《とみきゅう》』富くじ売り、『たらちね』ねぎ売り、『かつぎや』宝舟売りと、ちょい役も含めて役どころは多種多彩だ。

第一席●歯切れする蕎麦っ喰いのいたずら

時《とき》そば《そば》

【お噺の面々】　蕎麦屋　賢い客　愚かな客

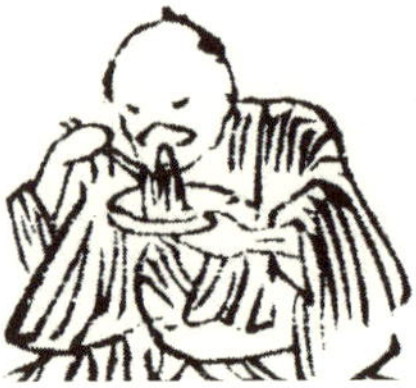
蕎麦をひとつくれ

「おい蕎麦屋さん、蕎麦をひとつおくれ。今夜は寒いなぁ」「へぇ、大変おさぶうございます」

「どうだい景気は。なーに、悪い後はいいてぇからな、商売に飽きちゃぁいけない、商いというくらいだ」

「お待ちどう様」

「早いなぁ、蕎麦はこうでなくちゃぁいけねぇ。催促しちゃぁ野暮な食い物もあるが、蕎麦はこうこなくっちゃ。うん、だしをおごったな、鰹節を使って。だいち物は器で喰わせるというが、いい丼だぜ。うん、箸は割り箸を使っているな、誰が使ったかわからない箸ってのは、よくねぇ。お前のところの印はなんてん

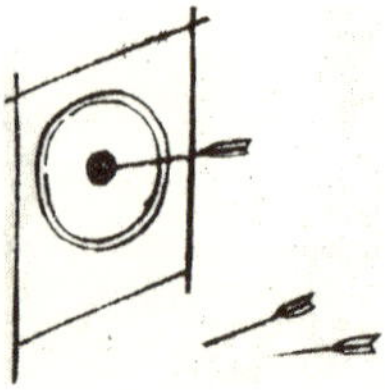
的矢

屋台の蕎麦売り

だ。的に矢があたっていて、当り屋だぁ、いいねぇ。

これからこんなことをしようてんだ、今日はあたるぜ。

蕎麦はいくらだ」「へい、十六文*で」

「銭はこまっかいんだ」「これに頂戴します」

「ひぃ、ふう、みぃ、よ、いつ、む、七、八、何時だ」

「九つで」

「とお、十一、十二、十三、十四、十五、十六」と銭を払ってしまうとさっと行ってしまった。

　これを見ていたのが、いささか日のあたり方が少なく育った奴で……。

「いやな野郎だぜ。さんざっぱら蕎麦屋をほめちぎって、銭を払うなんざ許せねえ。あまり世事をいうから、食い逃げだろうと思って、駆け出しやがったら、蕎麦屋に義理はねぇが追っかけてやろうとしたら銭を払いやがった。けど変な払い方をしたぜ。こまっけぇんだ。これへ、ひぃ、ふう、みぃ、よ、いつ、む、七、八、

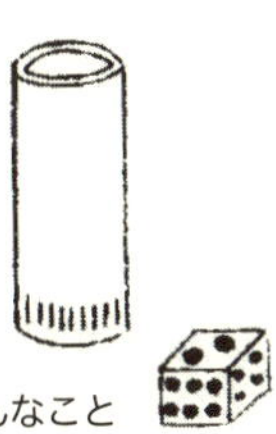
こんなこと

十六文●江戸時代の値段には四の倍数が多いが、寛永通宝が四文通用だったからだろう。時そばの十六文は時を聞いて一文かすり取るのだから鉄一文銭。

何時だ、九つ*で、とう、十一。変だなぁ、変なときに時を聞きやがった。ひぃ、ふぅ、み、よ、いつ、む、七、八、何時だ、九つで、とぅ。あっ、やりやがった、一文かすりやがった」

蕎麦屋は生涯わからない、俺もやってやろうというので、その晩は細かいのがありませんから、明くる晩、細かいのを用意して待っているがなかなか来ない。

「おーい、蕎麦屋さん」、遠くにいるのを走って追いかけ、「蕎麦をひとつ作ってくれ」。「あいにく今火が落ちてしまったので、すぐ、火をおこしますから」「おいずいぶんかかるねぇ、まだかい。今夜は寒いねぇ」「いぇ、今晩はおあったかで」

「そ、昨日は寒かった。まだかい。やっとできた、汚たねぇ丼だ。箸は割ってあら。ぶっ、辛いよ、湯を入れてくれ。太いねぇ、これ蕎麦かい。うどんじゃぁねぇか。にちゃにちゃだ。いいんだ、俺は胃が悪いんだから。それにしてもまずいねぇ、もうよそう。蕎麦屋さん、いくらだい。銭はこまかいんだ。ひぃ、ふう、みぃ、四、五、六、七、八、今何時だ」「へい、四つ*で」

「五、六、七、八、九つ、十……」

九つ●真夜中が、十二支でいうと子の刻で九つ。これから約二時間ごとに丑の八つ、寅の七つ、卯の六つでこれが明け六つ。

四つ●昼も九つの午から始まり未の八つ、申の七つ、戌の暮れ六つ、亥の四つの五つ、亥の四つと続き、真夜中の子に戻る。問題の四つは九つより約二時間前。早すぎてのしくじり。

蕎麦の値段 一文の価値

◆蕎麦、うどんともに一椀十六文で、種物になると二十四文から三十二文。幕末の慶応年間には諸物価が軒並み上がり、お上に願い出て二十文にしたが、そのうち二十四文になり、看板などの二八（十六）の文字がなくなったという。

夜鷹蕎麦売り

江戸の時間の数え方

◆江戸時代は不定時法といって、昼と夜をそれぞれ六等分にし、明け六つから暮れ六つまでを日常の生活基準とした。真夜中の十二時を九つとし、八つ、七つ、六つ、五つ、四つと数え、真昼の十二時に九つに戻る。夜明けの明け六つから日暮れの暮れ六つまでを昼、日暮れから次の夜明けまでを夜として六等分するので季節によって昼夜の一時の長さが違う。

第二席●若い時に遊びもし、苦労もする

唐茄子屋政談《とうなすやせいだん》

【お噺の面々】若旦那徳さん　おじさん　おばさん　長屋のかみさん　因業大家

「勘当、ようがす。米の飯とお天道様はついてまわります、御免なさい」ぷいっと家を出た徳が、あっちへ三日、こっちへ三日、やがて行き場所がなくなり、夕立に降られてかえってきれいになるといいながら吾妻*橋まで来る。

「おなかがすいたなぁ、こんなざまで生きていたってしょうがないや、死んじゃおう」「おい待ちな、待ってんだよ。おやぁ、徳じゃねぇか、お前じゃぁ止めるんじゃなかった、死んじめぇ」「おじさん、助けて下さい」「米の飯とお天道様はついて回っているか」「お天道様はついてきてくれますが、米がついてきま

*吾妻橋●隅田川に架かる橋。噺の世界では、しばしば思い詰めた人が深刻な風情で佇んでいる。

唐茄子

唐茄子を売るのは

せん」「当たり前だ、もう一度だけ助けてやるから、おじさんのいうことは何でも聞くんだぞ」「できることなら何でもします。えんどう豆を目で噛めといってもできません」「そんなこといわねぇや」

「今帰った」「遅かったね」「吾妻橋で人を一人拾ったよ」「おや、誰が落としたんだろうねえ」「徳だよ。おばさんにあいさつしろ。飯を食わせてやれ」「そうかい、じゃぁ魚屋さんに行って」「いらないよ、今魚の餌になるところだったんだ、たくあんでいいよ。腹の皮がつっぱれば、目の皮がたるんでくる。二階で寝ろ」「蚊帳がないよ」「蚊帳なんかいらないよ、あんな奴を食えば蚊の方がばかになる」

「徳はどうした」「まだ寝ています」「徳、下りてこい、飯を食っちゃえ。ばあさん、裏のいちじくの葉を一、二枚」「おじさん、唐茄子《とうなす》がずいぶん……」「お前が売るんだよ」「唐茄子を売るのは勘弁……」「よしな、出

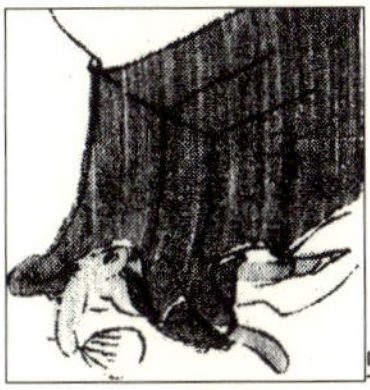

蚊帳

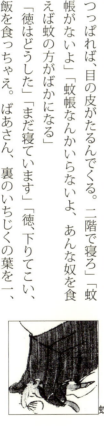

てけ」「売ります」「あたりめぇだ」てんで、生まれて初めて重たい荷を担いで横町へ出ていく。日射しの強い夏の真っ盛り、あっちにぶつかり、こっちにぶつかり、何かにつまずいて転んでしまう。

「人殺しー」「どうした人殺しとは」「唐茄子です」「お定まりだな、今俺が売ってやる。熊さん、唐茄子買ってくれ、二つ。金さん唐茄子、あぁ、悪いね。彦ちゃん、買ってくれる。藤さん、唐茄子買ってくれ」「俺は唐茄子は嫌いだ」というのも無理に買わせて、「お前さん、後二つだ、これくらい売りなさい」と徳を送り出すおせっかいな御仁。

「唐茄子屋でござい」*誓願寺店《せいがんじだな》に入ってきますと、唐茄子を下さいと乳飲み子を背負った、どことなしに品のある女が出てくる。弁当をつかっていると、子供が「おっかさん、おまんまだ」。「これ、食べさせてあげて下さい」と、弁当をやってしまう。その上、身の上話にほだされて、*売りだめまでそっくりやってしまう。

「おじさん、今帰りました」「全部売れたか、おあしはどうした」「長屋のおかみさんにあげてきた」「本当だな、嘘をつくと承知しないぞ。向こうへ行きゃわかる」来てみると長屋が騒がしい。「どうしました」

誓願寺店●つまずいてひっくり返った浅草田原町のちょっと先。

売りだめ●その日売り上げた代金。

「この方だ。あなたが与えた銭を持って、追って出たところをここの大家に捕まってしまい、取り上げられてしまった。申し訳がないとおかみさんは首をくくってしまった」。聞いた徳が怒って、大家のやかん頭をやかんでぽかり。おかみさんは幸い命は助かったものの、徳は収まらない。奉行所へ訴え、やがて役人が出ばって大家はきついお咎めを受ける。若旦那は勘当が解けて元の家に戻ったという。

やかん頭

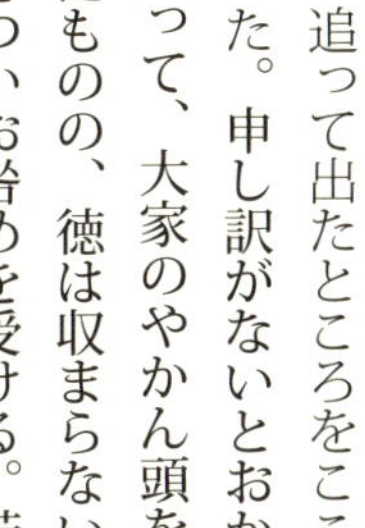

若旦那に付き物の勘当

◆親や親類内で決めて非公式に子を追い出す内証勘当と名主まで届ける正式な勘当がある。唐茄子屋になった徳さんは非公式、『火事息子』は人別帳から消され、相続権まで失う公式の勘当。

荷を担ぐ棒手ふり

◆売り物を肩に担いだり背負ったりして呼び歩く小商人が棒手《ぼて》ふり。担いだ天秤棒に商いの品を入れた桶を下げて振り売りをする。

奥が野菜売り

第三席●酒は夢になる

芝浜《しばはま》

【お噺の面々】魚屋の熊さん　かみさん　熊の友達

酒の好きな魚屋の熊さん。商いの途中で飯を食いに入った所で一杯呑む。一杯が二杯、二杯がというので、「おい、熊公の持ってくる魚は変だぜ」という事になる。売れないから仕事を休んで呑むようになり、どうにもこうにもならなくなる。

「お前さん、どうするんだい。商いに出てくれなけりゃあ困るじゃないか」とかみさんにせっつかれて、しようがなく河岸に出かけることにした熊さん。

「おい、盤台《はんだい》はどうなっている」

「水を張ってあるから少しも漏らないよ」

「包丁は」「取れたてのさんま、ぴかぴか光ってる。

盤台

棒手ふりの魚屋

銭も用意したから今日からは商いをしておくれ」と時を間違えたかみさんに起こされ、しかたなく熊さんは芝の浜へやって来た。

「なーんだい、問屋は起きてない。俺が来て開いてないじゃあ……。いや待てよ、あれは増上寺様の鐘*だ。かかあの奴、時を間違えやがったな。といってこれから殴りに帰ったって、また来なけりゃあならない。一服している間に日が出るだろう。あっ、お天道様だ。今日から商いを始めます、よろしく」

　顔を洗おうとふと砂浜を見ると、長い紐がゆらゆらしている。煙管《きせる》の雁首でそれを引っ張ると、革の財布が上がって来た。

　飛んで帰った熊さん。

「おい、誰かつけてきやしねえか」

「喧嘩でもしたかい」

「いやそうじゃあねえ、これを見てくれ」と懐から出

増上寺様の鐘●江戸時代は不定時法で、夜明けが今の何時であろうと明け六つ、日没は暮れ六つ。時の鐘は日本橋本石町と本所入江町にあり、この二カ所以外では増上寺のような大きな寺の鐘が方々で時を告げた。

煙管の雁首

したのがふるーい革の財布。中を改めると二分金で五十両ある。*

悦んだ熊さんは、呑み残しの酒をひっかけると、寝込んでしまい、起きると湯に行ってしまう。帰りに友達を連れて来て、酒だ肴だの大騒ぎ。

翌朝、かみさんが仕入れに行けと起こすと、「なにを、昨日の五十両があるじゃあねえか」という。

「どこにあるんだい」とかみさん。「浜で拾った」「何寝ぼけてんだい、お前さんは昨日浜になんか行きゃあしないよ。浜で金を拾った、おまえさんそりゃ夢だよ」

「え、拾ったのが夢で、呑んだのが本物か。いけねえ、俺は子供の時から本物そっくりの夢を見ることがあるんだ。よし酒を絶って稼ぐ」

これから人が変わったように稼いで、三年目には表に店を持つようになる。*その大晦日の晩、風呂屋から帰ると畳が新しくなり、すっかり新年の用意ができている。「うーん、働けばこういう除夜が迎えられるんだなぁ」。この言葉にかみさんが、三年前の金を出して、好きな酒を用意する。熊さん、悦んで猪口を持ったのだが、「よそう、また夢になる」。

外は木枯らし。

二分金で五十両●金貨は大判小判のほかに一分判、二分判、一朱判、二朱判とあった。小判が一両。一両の四分の一が一分。一分の四分の一が一朱。四分が一両になり二分金なら五十両は百枚。これは年季奉公を終えてお店からもらう商売の元手といった金額だ。

表に店を持つ●表通りに面した「表店」のこと。裏通りは「裏店」。

江戸の魚河岸
芝の浜

魚屋の熊さん

◆江戸の魚河岸は日本橋北岸、本船町、本小田原町などが本場で、一大消費都市江戸の需要を満たした。芝の浜とは本芝一丁目から四丁目の浜辺に立った小規模の市場で、主に江戸前海の小魚を扱った雑魚場《ざこば》。

増上寺様の鐘
時の鐘

◆季節によって長さが異なる昼夜を六等分して時刻を定めた江戸時代。江戸城にはその刻限を正確に時計が示すように調整する時計坊主というのがいた。その見計らいで太鼓で打ち、それを聞いて町中の時の鐘が刻限を鐘で知らせた。

第四席●払い物から小判が出た

井戸の茶碗《いどのちゃわん》

【お噺の面々】屑屋清兵衛　千代田卜斎　娘の市　高木佐久左衛門　細川の殿様

小判が出た！

仲間内から「正直清兵衛」とあだ名されるほどの真っ直ぐな気性の屑屋がいた。紙屑ばかりを日々買っていたある日、白金の*清正公様《せいしょうこうさま》の脇を流していると、年の頃十八、九の娘に「屑屋さん」と呼び止められ、裏長屋に招じ入れられた。

「お父上、屑屋さんが参りました」

「おう、屑屋か。買ってもらいたい物がある。私の家に古くからある仏像でな、煤けてはいるが*二百文で買ってもらいたい」

「品物ですか、品物は駄目なんで……。目が利きませんので、屑ばかりをいただいている次第で」

清正公様●白金にある日蓮宗覚林寺。事件の起きる細川屋敷は目と鼻の先。

二百文●鰻の蒲焼き一皿、上酒一升がともに二百文。また髪結を呼んで四、五日おきに梳いてもらうと店の主で月に二百。手代、丁稚は百文。

売卜

「いや、二百文でいいんだ。浪人をいたしておるが、決して怪しい者ではない。近所の子供を集めて昼は素読の指南をいたし、夜は表へ出て売卜をやっておる千代田卜斎《ぼくさい》と申す者。決して迷惑はかけん」

儲けが出たら折半ということにして、ともかくこの仏像を預かった。御膳籠《ごぜんかご》へこの仏像を入れ、「屑うい」。高輪の*細川屋敷のお窓下を通りかかると、*勤番《きんばん》侍の高木佐久左衛門、窓から往来へ一声かけた。「これ屑屋」「へえ。屑はございますか」「いや。その籠に入っておるのは仏像か。それは売るのか」

高窓の主に紐の付いた笊《ざる》を下ろしてもらい、そこへ入れてするするっとお届けする。二百文で仕入れたこの仏像に、三百文で買い手が付いた。

仏像を手にした侍は、汚れを落とそうとぬるま湯に浸けて磨いていると、台座の下に貼ってあった紙が破れた。ざざざあと降るように出てきたのは、なんと小

細川屋敷●肥後熊本城主五十四万石細川越中守のお屋敷。

勤番侍●藩主の参勤交代に伴って江戸藩邸に住み込む江戸勤番の任務に当たる侍のこと。

屑屋の荷。中央が御膳籠

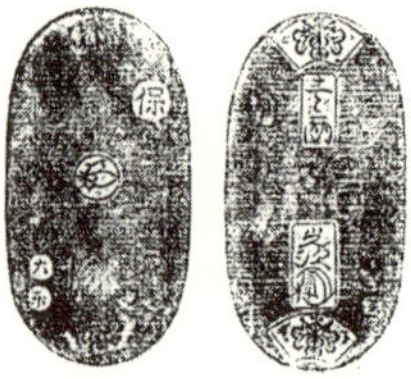

天保小判

判。「これ、これ」と*中間《ちゅうげん》を呼ぶ佐久左衛門。「今仏像を磨いておったら、*五十両出てきた」「三百文で五十両とはずいぶん儲かったことで……」

「拙者は中の小判まで買った覚えはない。これは返してやらねばならん。買った先は屑屋に訊けば分かるに違いない。明日から屑屋が通ったら調べるぞ」。

　てなわけで、通りかかる屑屋を片っ端から止めて顔を改めていると、どうやら仇を探しているらしいなんという物騒な噂まで仲間内で流れる始末。身に覚えのある清兵衛さん、首を落とされちゃたまらないと、細川のお窓下は黙って通ることにした。が、籠を担いだとたん「屑うい」。忽ち呼び止められて、仏像を買い取った先はどこか問いつめられる。

「もとは立派なお武家らしいんですが、今は浪人をいたしております」

「ああいう物を手放すとは、よほどのこと。屑屋、こ

中間●足軽、小者の中間にあたる武家の奉公人。雑用係といったところで、藁草履やくご縄などを内職に作って売り歩いたりした。藁草履は一足八文ほど。

五十両●小判が五十枚。通常小判は五十両、百両を紙で包んで封印をして使った。ちなみに芝浜に出てくる財布にあったのも五十両。

の小判を持っていってもらいたい」

へえ承知しましたと浪人宅を訪ねる清兵衛。ところが、分け前の五十文を受け取らないばかりか、仏像から出た五十両も返してこいといわれ、仕方なく細川様のお屋敷にとって返すが、埒《らち》は開《あ》かない。「ぐずぐずしていると、斬り捨てるぞ」と脅かされ、浪人の長屋の大家に中へ入ってもらうことにした。

「五十両の金を二十両ずつお分けになって、残りを正直者の屑屋にやっていただくわけにはまいりませんか」という大家の申し出に、それで事が収まるならと佐久左衛門の方は承知をしたが、卜斎は固辞。何か手回りのものを先方へ差し上げて、その代金として受け取る案に落ち着いた。二十両のかたになったのが、古びた茶碗。早速この茶碗を携えて高木佐久左衛門の元へ走る清兵衛。

このことが評判になり、細川の殿様がこの茶碗を見

古びた茶碗

たいと仰り、持って参上する高木。出入りの目利き師に見せると「世に二つという名器、井戸の茶碗」だという。「これ高木、余が三百両にて求めてつかわす」と、殿様の一言で再び分け前をめぐる騒動が始まった。

「へえこんちは」「屑屋か、いろいろ手数をかけてすまなかったな」

「この間の茶碗、あれは大変な名器だそうで、細川のお殿様が三百両でお買い上げになりました。でそのう、百五十両っつ分けるということになりまして……。どうかそのう、お受け取りを」。懇願する屑屋に、この度はあっさり受け取るという卜斎だが、一つ頼みがあるという。

「その高木というお方は、実に潔白なお人だ。わしの娘の市を高木氏のような方のご*新造《しんぞう》にしていただきたいと思うのだが、口をきいてくれまいか」

百五十両は持参金代わりに先方へ差し上げることで、一件落着の運びに。清兵衛の持ってきた縁談に「千代田卜斎と申すお方は実に天晴れな武士。そのお方の娘御なら」と快諾する若侍、「器量はどうじゃ」。

「いいのってなんのって……。ご新造にして、磨いてご覧なさいまし。大した美人になりますよ」

「いや、磨くのはよそう、また小判が出る」

目利き

井戸の茶碗

ご新造●江戸では武家の妻や大きな家の妻を御新造様という。中以下は御かみ様。

江戸の資源再生を担う屑屋

◆反古紙や不用になった帳簿などを買って歩くのが紙屑買いだが、ほかに古着や古い銅、鉄製品なども秤にかけて買う。紙屑屋が集めてきた紙のうちで漉き返せるものは湯で煮て水に溶かし、もう一度漉いたのが浅草紙。この紙は落とし紙に使う。塵紙。

紙屑買い

噺の舞台にもなる大名屋敷

◆江戸に参勤する大名の本宅が上屋敷。別邸の中屋敷、下屋敷を含めて数カ所の屋敷を持っていた。落語界で名高い殿様は『妾馬《めかうま》』、『火焔太鼓』などに登場する赤井御門守だが、お屋敷の御門は赤というから……。

霞ヶ関界隈

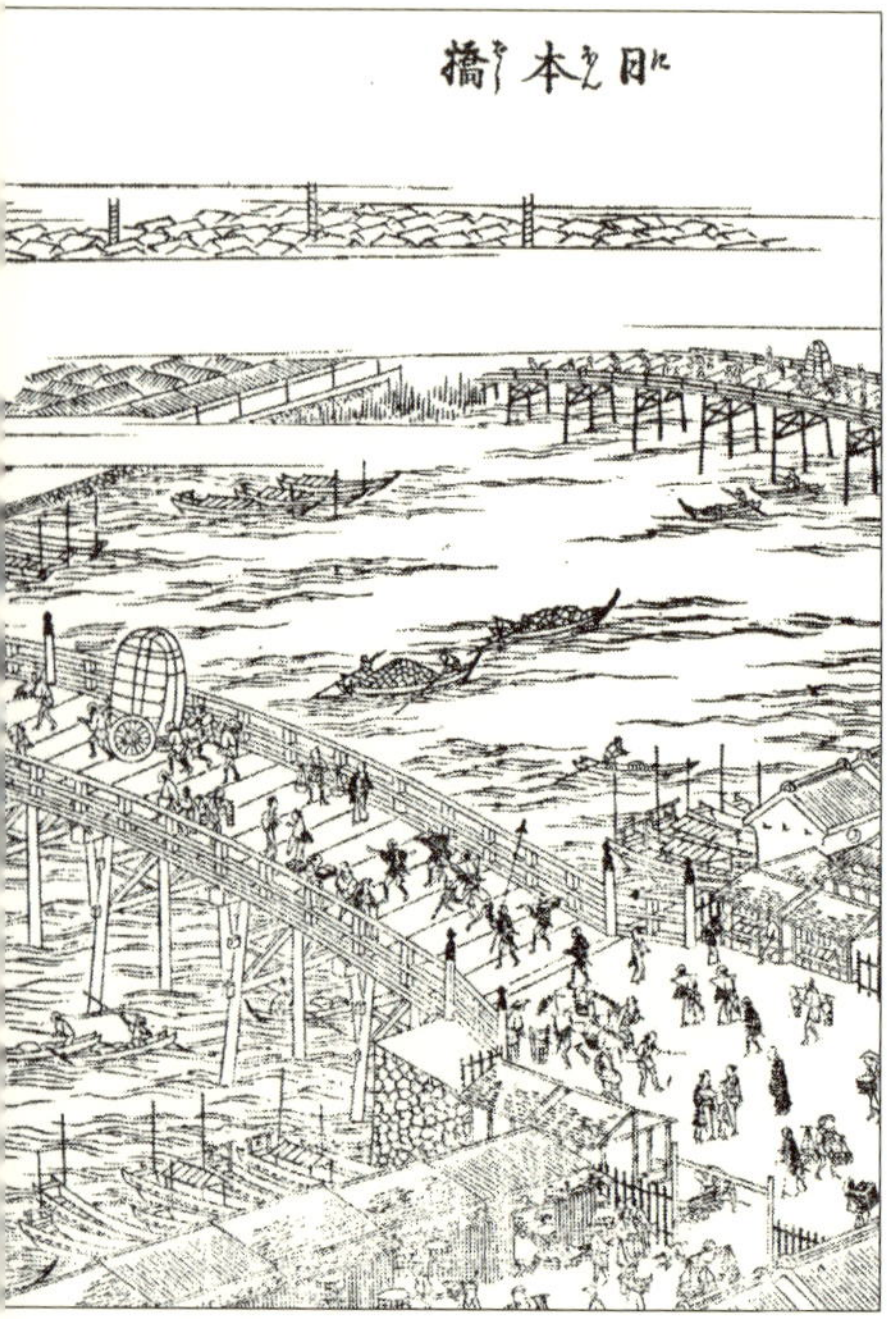

人生いろいろ、お店の人々

●お店《たな》で働き、お店で暮らす　江戸時代の商店は、旦那様と呼ばれる主の一家と奉公人が一つ屋根の下で共に寝起きするのが基本。旦那様におかみさん、跡継ぎになる若旦那にお嬢さん。家督を譲ったご隠居が同居することもある。

一方奉公人は見習いの小僧、一定期間勤めて若い者などと呼ばれるようになる手代、そして商家を支える奉公人の筆頭ともいうべき番頭といった人たちがいる。

●お店噺の名優は小僧に番頭

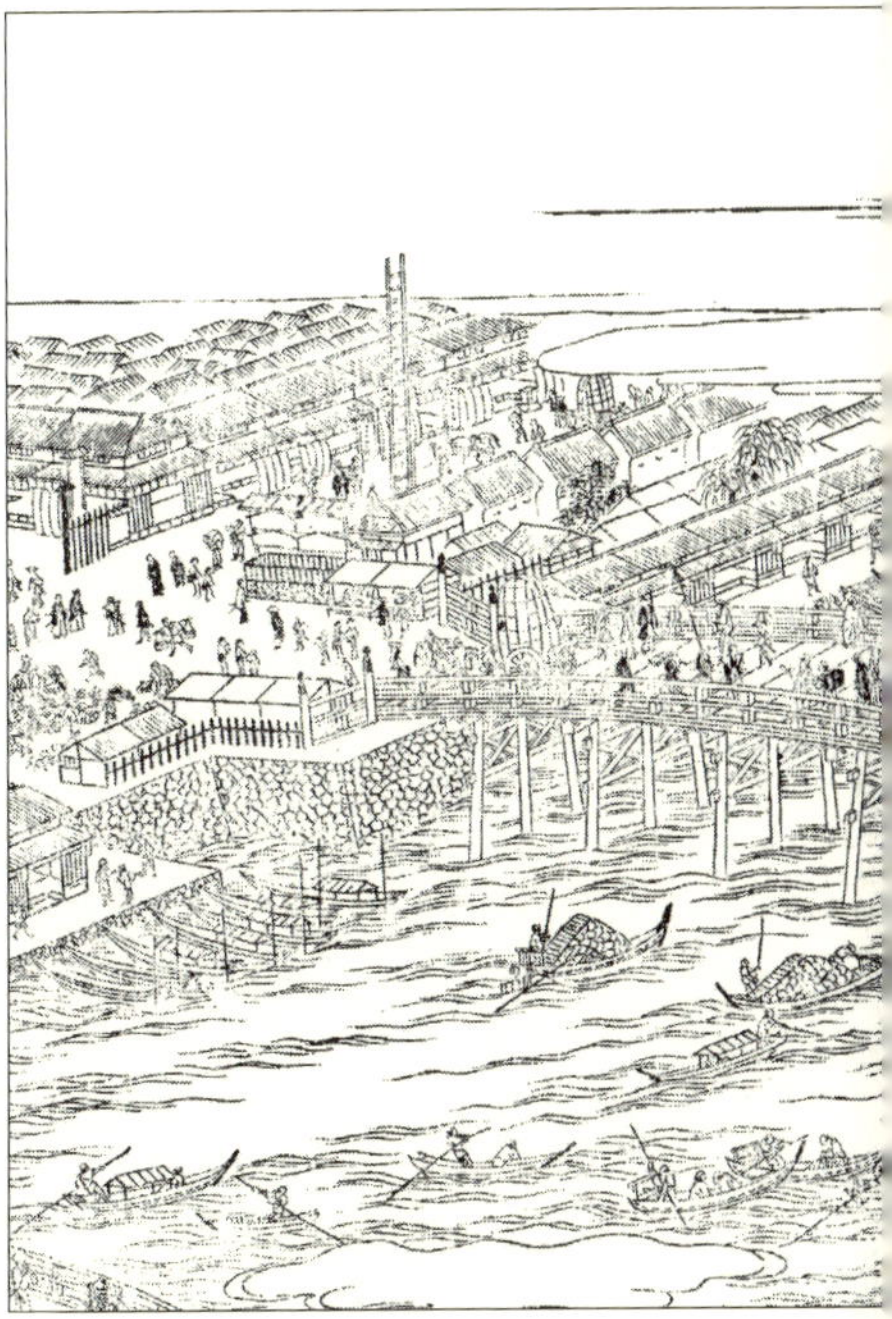

■橋の上から江戸城や富士山が見えたという日本橋。北（画面右）は室町、十軒店、神田、南は通一丁目から京橋、銀座に向けて大店が軒を連ねた（木曾路名所図会）

噺の世界では、若旦那は遊びほうけて勘当されることが多い。『唐茄子屋政談』の徳さんこと徳三郎、『船徳』の徳さん、徳兵衛など、もっぱらお店以外の舞台で大活躍をしているが、番頭や小僧の定吉は店をうろちょろしながら事件を起こす。『百年目』の番頭は出世双六も上がりは目の前、あと少しで別家になろうかという矢先の大失態。別家の算段に目がくらみ、みかん三房を持ち逃げする『千両みかん』の番頭は、おかしくて悲しい。

●下男下女は短期契約の奉公人

番頭まで上り詰めてやがて独立を目指す、いわば生え抜きとは違って、口入屋《くちいれや》の斡旋で雇われる半季奉公の使用人もいて、『百川』の百兵衛さんもその一人。激しい訛りのせいで撒き起こる勘違いの数々が秀逸だ。

第五席●沈香も焚かず屁もたれずは駄目

百年目《ひゃくねんめ》

【お噺の面々】大番頭　番頭　小僧　太鼓持ち　芸者衆　旦那

番頭さん

昔の奉公*というのは、商売の道をその店で教えてもらうのですから、十年修業を積み、その上でもう一年お礼奉公というのをして、手代になる。それから数年して番頭、さらに奉公すれば、おかみさんをもらって外に家を持ち、通い番頭になる。大きな店では、大番頭というのがいて、旦那は店には出てこない。すべては大番頭に任せてある。

ある大きなお店で、小僧から番頭にまで小言をいっていた大番頭、番町まで行ってくるというので店を出ると、色代わりの紋付きの羽織を着た誰が見ても太鼓持ちだとわかる姿の男から声をかけられる。

奉公●奉公は元来武家に仕えること。一般に商人や職人の家に入ることをいう。子供のうちから入るのが普通だった。

太鼓持ち

「馬鹿野郎、今行くから皆にそういっておくれ」と自分は三丁ほど行った横町の駄菓子屋の二階ですっかり姿を直し、芸者、太鼓持ちの大勢乗った船を柳橋から出す。行き交う船から見られてはいけないというので、屋根船の障子をぴったり閉めていたが、枕橋*の辺りまで来ると暑くなり、酔いも手伝って障子を開けさせる。さぁ芸者衆は堤へ上がろうという、大番頭は上がらないという。

　そこで太鼓持ちが扇で顔を隠す工夫をして、向島の土手へ上がらせる。自慢の鼠へちょっと藤色のかかった、大津絵を染め抜いた長襦袢《ながじゅばん》で鬼ごっこ。そこにいたのがこの大番頭のいる店の主。酔っているので大番頭、旦那を捕まえるが、びっくりして店に帰ってしまった。

　風邪だといって床を敷き、いつお暇を出されるかと一晩じゅう寝ないでいると、夜

枕橋●柳橋から出た船が吾妻橋を過ぎてすぐの本所側にある橋。

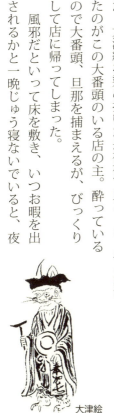

大津絵

が明ける。

　店へ出たが帳面の文字なんか見えやしない。そのうち奥から呼ばれ、「お前さん、夕べは寝られたか。あたしは帳面を見せて頂いた。お前さんという人は器量人だ。これっぱっかの穴も開けていない。お前一軒の主を何故旦那と呼ぶか知っているかい」。

「存じません」

「これは人から聞いた話だが、天竺《てんじく》に*梅檀《せんだん》という立派な木がある。この下に南縁草という汚い草が生えているので、親切な人がこれを刈ってしまうと、梅檀が枯れてしまったという。つまり梅檀は南縁草によって養われ、南縁草は梅檀から下りる露で養われる。うちの店でいえば、お前さんが南縁草で、あたしが梅檀だ。お前が店に行けば、今度はお前が梅檀で、店の者が南縁草だ。この頃店の南縁草が少し枯れているようなので、露を下ろしてやって下さい。あぁ、それから昨日土手で会った時に、同じ家にいるのに、お久しぶりとかごぶさたとかいっていたが、あれはどういう訳だ」

「番頭は堅いと思われているのに、あのざまを見られたので、百年目だと思いました」

梅檀●梅檀というのは白檀の異名とされ、幼くして優れていることを、梅檀は双葉より芳しという。

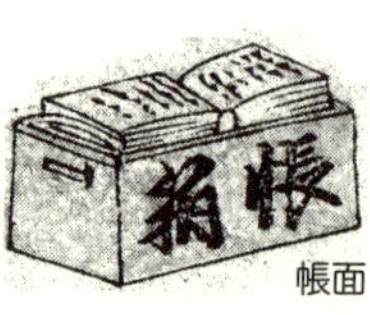
帳面

隅田川の川遊び

花見の頃の川遊び 隅田川の屋根船

◆屋根船は「日除け船」といい、こぎ手は一人か二人。船賃は柳橋から山谷堀まででこぎ手一人三百文、二人四百文。花見や涼みによく利用された。混同されがちな屋形船の方は供を大勢連れた大名や豪商などが乗った大型船。

小僧から番頭へ お店の出世道

丁稚

◆京坂でいう丁稚、江戸の小僧のお店暮らしは厳しい。手代と呼ばれるまでの年季奉公の間は決まった給金はなく、夏に麻の服を一枚、冬に木綿の服を一枚与えられるだけ。何十年も辛抱して初めて『百年目』の大番頭のような振る舞いができるのだ。

第六席●幽霊を見張る弱い頭と番頭

質屋庫《しちやぐら》

【お噺の面々】番頭さん　質屋の主　小僧の定吉　頭　菅原道真公

番頭さんが主に呼び出され、三番蔵*を見張れといわれる。湯屋に行くと、家の蔵から何か出るという話を主は聞いてきたのだ。家業は質屋で、うわさは暖簾にかかわるというのだ。そこで番頭は暇を願うが、一人ではなく頭《かしら》と一緒にという。

その頭は、小僧の定吉に芋羊羹を三本巻き上げられ、旦那の前へ。叱られるのだとばかり思い、酒を一樽持って行ったことや、沢庵の漬物を一樽、下駄を三足持って行った話などをしてしまう。「おいおい、手荒なことをしてはいけない。家だからよいが、人様のところで」といわれると、こちらだけですという。

三番蔵●質草を納めた土蔵。『四段目』で芝居好きの小僧定吉が閉じ込められるのも三番蔵だ。

土蔵

質屋

「そんなことじゃぁない。今夜三番蔵を見張ってくれ。何か*質物《しちもつ》の気が出るらしい」

「あっしは生きた奴には強いんですがね、化け物はふわふわして、どうも苦手だから、一度帰って」というと、旦那はわかっていて、「ああいけないよ。今帰れば病気になったといって、二度と出てこない。二人で見張るのだから」「えっ、二人ですか。相手は誰です」

「後ろで震えている番頭さんだ。頭はあんまり強くないんだね」

番頭さんと頭はしかたがなく、二人連れだって三番蔵の前の離れへ。「番頭さん、いきなり開けちゃいけません。化け物だって蔵の中ばかりにいるとは限らない、たまには別の場所へ」「離れにいるかも知れない」

「気味の悪いことをいうな」「ではそうーと」

と戸を開き、中を改めて燭台《しょくだい》を持った番頭さんが先へ入る。後から頭が膳を持って入る。

質物●質に入れる物。質草。

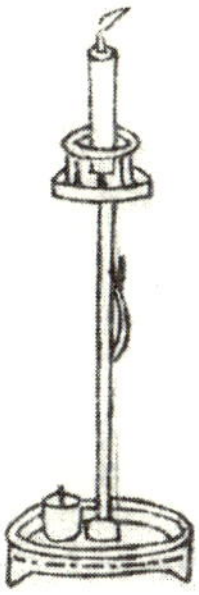
燭台

「番頭さん、飲まないんですか。こういう時にはね、少し飲まないとね。あっいけない、箸がない」と急に頭が立ったので、番頭さん大慌て。「おい、勝手に一人で動いてはいけない。立つ時は一緒に、こうしましょう」と手拭で、二人の帯を結びつける。二人一緒に主の部屋へ。「おやおや仲の良いことで。清や、気をつけなければいけませんよ、箸を出してあげなさい」

離れへ戻って、「頭、出たらね、ゆっくり、でぇーとのばしてね、あたしが店につく頃た、といっておくれ」。こんな話をしていると、ぴかっと光り、二人とも腰を抜かす。

片や、小柳、小柳、片や、竜紋、竜紋、まだまだまだ、はっけよいのこった、小柳の帯と、竜紋の羽織が相撲を取った。

「あっまた何か出ますよ、棚の上にあった掛け物がすーと垂れ、あれあれは菅原道真公ですよ」

道真公は右手に梅の枝を持ち「東風《こち》吹かば匂いおこせよ梅の花、主なしとて春な忘れそ。こりゃ番頭、藤原方へ利上げ*をせよと申せ、どうやらまた流される」。

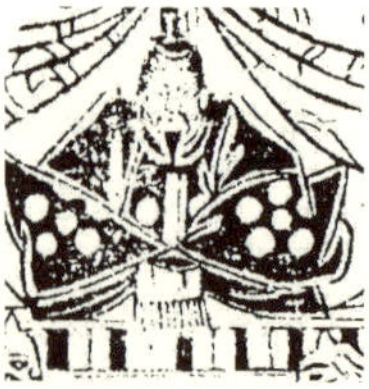
菅原道真公

利上げ●利息だけ払って返済期限を延ばしてもらうこと。そうしないと質草は流される。

質物、利上げ、質流れ

◆衣類などの質物は、おおむね一月の利息は一分半。夜具二分、道具二分半といったところ。一両で銀一匁。期限に返せない時はこの利息だけで勘弁してもらう（利上げ）が、できない時は質草は流される。家を質に置くこともあったが、煩瑣な手続きが要った。

質屋の看板

蔵、倉、庫 くらのこと

◆蔵、倉、庫はいずれも「くら」だが、いくらかずつ違った意味合いがあるようだ。庫は本来兵庫、転じて財物の収納庫。倉は穀物を蓄える建物、米蔵。蔵は広く品物を納めるところの意味。

蔵

第七席●常磐津の師匠と外科医の違い

百川《ももかわ》

【お噺の面々】百兵衛　料理屋主人　河岸の客連中　外科医鴨池玄林

天明の頃から幕末まで、＊浮世小路《うきよこうじ》に百川という料理屋があった。そこで実際にあったという話。

「御免下さいまし」「はい、こちらへ」「葭町《よしちょう》の千束屋《ちずかや》からまいりました」「これまではどこに奉公していた。初めて、それはいい。二、三日は目見得だから、その辺にいて、家の様子を見ていてほしい」「へーい」

「女中達は髪を皆ちらしてしまった、困った。百兵衛さんといったね、二階に河岸のお客さんがあるから、ご用を聞いてきておくれ」

浮世小路●越後屋のあった日本橋駿河町の斜向かい。鰻の名店もあった。

奉公人目見得

主人家の抱え人

手をたたかれ、「うへっ」と返事をしながら上がっていく。「わしゃ、主人家の抱え人でごぜぇやす」

田舎の言葉丸出しなのでわからない、最後のぴぃだけわかるという騒ぎ。そこへ出てきたのが物知り顔の男で、「あたしは河岸の若い者で、初五郎という」とことわり、「何か*四神剣《しじんけん》のかけ合いでおいでなすったと承った」と早飲み込み。去年の祭りの足を始末するのに質屋に入れたことを告げ、今具合が悪い、というところを、慈姑《くわい》のきんとんに引っかけて、丸ごと飲み込ませて帰らせる。

百兵衛さんは下に降りてきて目を白黒。また手がなり、主人からもう一度行けといわれ、今度は何を飲み込まされるのだろうと行くと、*長谷川町の三光新道《さんこうじんみち》の常磐津《ときわず》の師匠を呼んでこいと申し付けられる。

やっとのことで三光新道にたどり着き、教

四神剣●「主人家」のとんだ聞き違いで、四神剣は氏神を同じくする町々が、回り持ちで預かった祭礼具。

長谷川町の三光新道●日本橋人形町の辺り。『天災』の心学の先生も住んでいるところ。

えられたとおり、この辺りで「か」の字のつく有名な人と尋ねると、高名な外科医、鴨池玄林《かもじげんりん》を教えられる。ここでも間違いが起き、「百川から来たが、今朝がたから河岸の若いのが四、五人来ていると」いったところが、田舎言葉でいうので、「河岸の若いものが袈裟*がけに四、五人切られている」と間違えられ、晒《さらし》四、五反と、焼酎を一升、鶏卵を二十個ほど用意しとくようにといいつかり、薬籠《やくろう》を持って帰ってくる。

「来るっていったか」「あの、先生早速お見舞申すっていいました」

「おかしかないか」といっているところへ、鴨池先生が来て、怪我人はどこだという。前の借りの詫びなどをいったり、お門違いではないかと言い出す始末。三味線の箱だと思ったのは先生の薬籠で、「ここにわしの薬籠がある」といわれ、「この野郎、今、間違えた本人をここへ呼びます」といっていると、「うへっ」と上がってくる。

「大間違いだ。常磐津の歌女文字と、鴨池先生と、間違いやがった。まぬけめ」散々口汚くののしっていると、そんなに大きな間違いではないという。「いや、とんだ大まぬけだ」「そんなに抜けてはいない。か、め、も、じ。か、も、じ。それみなせぇ、たった一字だけだ」

袈裟がけ●袈裟切り。肩口から斜めに振り下ろされた刀で一瞬にして切られること。

薬籠

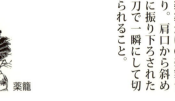

料理屋の宴

江戸時代の料理屋

◆幕末に書かれた『守貞謾稿』では、八百善《やおぜん》を江戸第一の料理屋としている。このほか梅川、万八、亀清、中村屋、塩河岸百川、葭町桜井などをあげている。塩河岸百川は、お噺の舞台。こうした料理屋では、一人分十匁ばかり、ざっと大工の二日分の稼ぎが飛ぶ。長屋住まいの熊さんたちには、敷居が高い。

葭町の千束屋は派遣の大手

◆百兵衛さんが紹介されてきた千束屋は、日本橋葭町に実在した男の奉公人の口入屋、つまり奉公先斡旋所。半年単位の半季奉公は、たいがいこの口入屋が斡旋し、飯炊き、主人のお供などの雑用をする。

口入屋

目明きばかりじゃない道具屋商売

●古物で間に合わせるのが江戸時代

日用の雑器や衣服、夜具の果てまで古物を商う店で求めれば用が足りた時代。今は古道具屋、骨董屋、古美術商などと扱う物によって呼び分けもするが、当時はまとめて皆道具屋。噺の道具屋もピンキリで、怪しい商人が跋扈している。清盛のしびんなんというういかがわしいものを仕入れて損をしたという『火焔太鼓』の甚兵衛《じんべえ》さんの店では、引き出しの開かない箪笥が六年も埃をかぶっている。甚兵衛さんは曲がりなりにも店で商いをしているが、下には下がいて、大道で売る「天道干し《てんとうぼし》」の道具屋もいる。筵を広げてゴミと見まごうがらくたを並べる与太郎の『道具屋』は火事場で拾った鋸だの首の抜けるお雛様だのが買える。

なかには上物を商う噺もある。何れも由緒ある名品が登場する『金明竹《きんめいちく》』。

刀剣、茶道具、掛け軸の来歴を述べる使いの早口な口上は、与太郎ならずとも呪文にしか聞こえない。また、一振り首を傾げたら百両の値打ちといわれる目利き者、茶屋金兵衛が六度も傾げたせいで騒動が起きる『茶金』は、ありふれた茶碗が「極め付き」のお宝に変貌していくお話。

■十返舎一九作『宝船桂帆柱』に出てくる道具屋（左）。刀剣や軸物もあつかう店のようだが、「がらくた道具ならべて千とせふるものひさぐめでたさ云々」とある。右は古着屋。

第八席●ついでに生きて大もうけ

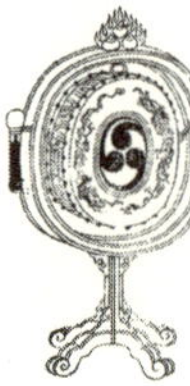

火焔太鼓《かえんだいこ》

【お噺の面々】道具屋の甚兵衛さん　かみさん　定吉　家来　殿

古い物を扱う商売でも、裾、下になるとついでに生きているようなのがいる。

「お前さん、今日市に行ったんだろ」「ああ行った」

「何買って来たんだね」「太鼓」

「ああやだね、太鼓なんてのは＊際物《きわもの》といって、頭の働く人が祭り前にでも仕入れて、さっと売る物だ。見せて御覧。まっ、汚いね」「汚いんじゃあない。時代がついているんだ」「お前さんはね、時代がついているもんじゃあ、随分損をしているよ」

「それあ、おれが損をしたのは岩見重太郎の草鞋《わらじ》と、清盛のしびんくらいのもんだ」

際物●特定の時期だけに売れる物でお盆用の品々や新年を迎えるための門松、節句の品など。

道具屋

「お前さん、ちったあ物を売ったらどうだい。今だってそうだ。あのお客さんは物が気に入って来た。道具屋さん、この箪笥はいい箪笥だね、そういったらお前さんは、ええいい箪笥です。うちに六年もあるんですからって、そういったでしょ。引き出しを開けてみてくれってえと、この引き出しが開くくらいならすぐ売れるんです。じゃあ開かないのか、いえ開きますがこないだ開けようとした人が腕をくじきました。引き出しをあけて腕をくじいたんじゃしょうがないな、いやていうから物は売れない。そいで、売らなくてもいい腕をもむ人を雇っとけばいいって。こんなことをいっているから物を売っちゃうんだから。冬だったよ、前の米屋さんが来て、奥で使っている火鉢を見て、甚兵衛さん、この火鉢はおもしろいね、てったらよかったらお持ちなさいて売っちゃっただろう」

「うるさいよ、定公、この太鼓をはたけ。はたきな」

箪笥

火鉢

「どんどーん」「はたけといってるんだ、たたくんじゃねぇ」

「おじさん、この太鼓ははたくと鳴るよ」

「これ、今殿が通行の際に太鼓をたたいたのはその方《ほう》の内であるな」

「はいさようで。はたけといったらたたいたんで。親類の者でまだ十一で、馬鹿なんです。目を見て下さい。馬鹿目といって味噌汁の実にしかならないんです」

「いや、太鼓をたたいたのを咎めているのではない。殿がお聞きになって、見たいとおっしゃる。屋敷に持参いたせ」

「ほらみろ、売れるじゃねえか」

「売れやしないよ。お殿様はどんなに綺麗な太鼓だろうと思ってるところへ、そのほこりのかたまりを持ってって御覧。この汚い太鼓を持って来た道具屋を縛ってしまえってことになるんだから」とかみさんにいわれておっかなびっくり屋敷に持参すると、これは国宝といってもよい名器だということで、三百両に売れる。帰ると、かみさんは道具は鳴る物に限るねという。「今度は半鐘《はんしょう》にしよう」

「半鐘はおよしよ、おじゃんになる」

鳴りもの

三百両で売れた火焔太鼓

火焔太鼓

◆枠に火焔の彫りものがある火焔太鼓は舞楽用の大太鼓。ただし、太鼓だけでも六尺はある大きなもので、甚兵衛さんが担いで届けるのは無理。雅楽の楽太鼓なら火焔の飾りもあるし、かなり小振りだ。

ピンからキリの江戸の道具屋

道具屋

◆江戸では「天道ぼし」といって路上に筵《むしろ》を敷いて様々な物を売る人がいる。首が抜けるお雛様や火事場で拾った鋸を売り損ねる与太郎の露店もこれ。ピンは『茶金』の茶道具を主に扱う古美術品の店だろう。

第九席●首をかしげると百両

茶金《ちゃきん》

【お噺の面々】油屋の八五郎　茶屋金兵衛　茶金番頭　近衛殿下　畏き方

数茶碗

江戸を食い詰めて京都に来て、油を売っている八つぁん。ある日、清水の舞台にある音羽の滝の前の茶店で休んでいると、有名な鑑定家茶屋金兵衛が、しきりに清水焼の数茶碗《かずぢゃわん》をためつすかめつして、首を六度かしげた。

　これを茶店の親父からせしめて金をつくって江戸へ帰ろうとしたが、茶店の親父もよく心得ていて、売らないという。押し問答の末、金三両*と持っていた油の荷七両分とを渡して茶店を立ち去った。

　七日後、こざっぱりしたなりで前掛けをつけ、茶屋金兵衛の店にやってきた八五郎。「ちょっと茶金さん

三両●上方の通用は銀が一般的。この三両も銀と銭で持っていたか。江戸の町家の女奉公人は年に二、三両が給金の相場。初鰹もそれくらいした。

油売り

に見てもらいたい物があるんだ」とつげると、番頭が「ただいま旦那はちょっと手が離せないから、わいが見まひょ」と手にすると、これが清水焼の数茶碗。「あんたどうした、これは清水焼の数茶碗といって、さらで六文*、古くては一文の値打ちもない」

「なにを、だから番頭なんかにわからないとそいったんじゃねぇか」などと騒いでいると、奥から茶金当人が出て来て、私が見るという。これはしめたと待っていると、番頭と同じことをいう。

　後へは引けない八五郎は食い下がる。「お前さん、この茶碗に見覚えはないかね。七日前、清水の音羽の滝の前で、この茶碗を陽に透かしてみたりして、首をしきりに傾けていたじゃあないか。お前さんくらいの人は、むやみに首なんぞ傾けちゃあいけないよ。人死にが出るよ」

「そうすると、あの時いたお方。これはどこにもきず

六文●油売りが茶店で飲んだ茶代が五、六文。甘酒や砂糖水もそのくらい。数茶碗が驚くほど安いということだ。

がないのに水が漏る。それで不思議に思ったんだ。お前さん、するといくらあったら仕事につける。じゃあその十両を私が貸しまひょ。月々いくらでもいいから入れて下さい」といって十両を渡す。

そうこうしているうちに、茶金が近衛殿下のお茶席に呼ばれ、この話をすると、麿も見たいとおおせられる。御覧に入れると、御色紙を書いて下さる。しばらくして、おそれおおくも畏き方から、今度は朕が見たいとおおせ出され、御短冊と箱書きがついて評判になる。これを好事家の会に出したところ千両で売れる。

油屋に十両では可哀相だと考えていると、近所を通りかかった油屋を小僧が見つけ、連れてくる。茶金からこの話を聞き、三百両をもらった油屋は、茶金が「あの江戸の人は、もうどこまで行っただろう」と表を眺めていると大変騒々しい。

「なんだ、油屋さん。まだ江戸にはたたなかったのか」

「なーに、今度は十万両の大もうけを持って来た」ひょいと見ると、大きな水の漏る瓶を車に載せて、持って来た。

千両箱

瓶

数茶碗が大出世 箱書きの威力

◆新品でもわずか六文。それでは蕎麦一杯たぐれない安価な数茶碗が百万倍の値を付けた。故事来歴をしたためた箱書きあればこその事件。「畏き方」のお墨付き、恐るべし。

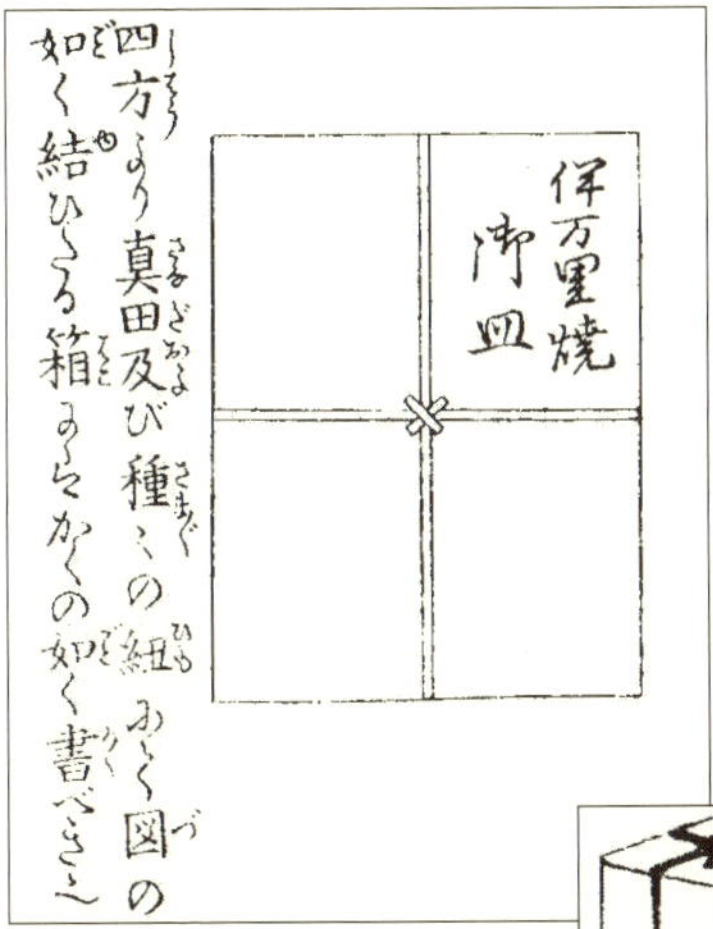

箱書き

名物の茶器

茶碗あれこれ

◆茶を飲む器を茶碗というのだが、一般に磁器の飯碗も茶碗というので、茶を飲むためのものを茶飲み茶碗といい、飯用のものを茶漬茶碗といった。これには蓋があり茶を飲むためのものには蓋がない。『井戸の茶碗』では名器を飯碗に使っていたが、茶人に評価がくだされる前は、ただの雑器だったに違いない。

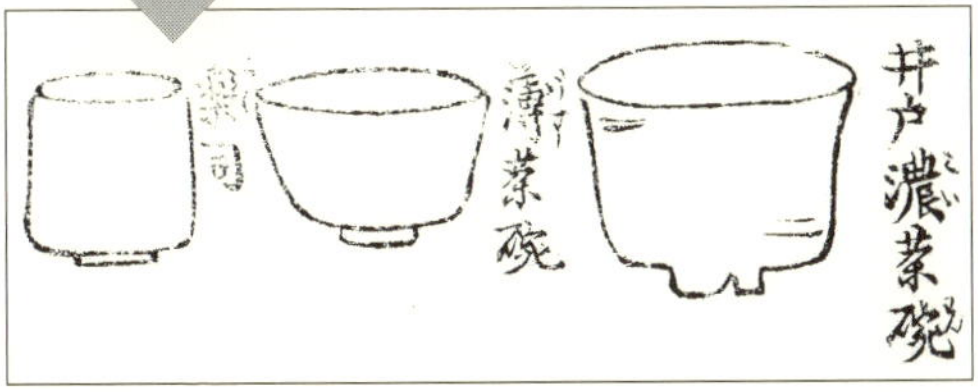

第十席●聞き取りにくい大坂言葉

金明竹《きんめいちく》

【お噺の面々】加賀屋佐吉の使い　与太郎　おかみさん　旦那さん

「ごめんやす。旦那はん、おうちでっか、お留守ですか。わてな、中橋《なかばし》の加賀屋佐吉方から参じました。せんど、仲買の弥市が取り次ぎました道具七品の内、祐乗、光乗、宗乗、三作の三所物《みところもの》、備前長船《おさふね》の住則光、四分一《しぶいち》ごしらえ、横谷宗珉《よこやそうみん》小柄付の脇差《わきざし》。柄前《つかまえ》はな、旦那はんが古たがやというてましたが、埋れ木じゃそうで、木が違うとりますさかい念の為にちょっとお断り申し上げておきます。次は、のんこの茶碗、黄檗山《おうばくさん》金明竹、ずんどうの花活け。古池や蛙飛び込む水の音、これは風羅坊《ふうらぼう》正筆の掛け物、沢庵、木庵、隠元《いんげん》禅師張り交ぜの小屏風。

刀と脇差

風羅坊松尾芭蕉

あれはな、わての旦那の旦那寺が兵庫におましてな、この兵庫の坊主の好みまする屏風じゃによって、表具にやって、兵庫の坊主の屏風にいたしますと、こないにおことづけ願います」「こりゃぁよくしゃべる乞食だ、お銭やるからもういっぺんやってみな。いまのひょうごろひょうごろ」

「わては物貰いと違いますがな。あのな、わてな、中橋の加賀屋佐吉方から参じました。せんど仲買の弥市が取り次ぎました道具七品の内な」と、これを四度いわされてあきれて帰ってしまう。上方の言葉で早口なので、おかみさんが替わって応対に出たところで、聞いてもひとつもわからない。そこへ旦那が帰ってきて、「なんだまた小言か」。

「今お会いになりませんでしたか」「誰に」

「こんな人に」「お前まで与太郎がうつったんじゃぁないか」

張り交ぜの小屏風

「あの、上方の方で早口なもんですから。今ゆっくり思い出します、中橋の加賀屋さん」「佐吉さんか」「いえそこの使いの方で、仲買の弥市さん」「弥市が来たのか」「その人が気が違ったんです」「えっ、気が違った」「えぇ、気が違ったのでお断りに来たってそういってました。それから、遊女を買うんです。遊女は孝女なんです。それで大変掃除が好きなんです。それを、ずんどう切りにしちゃったんです」

「気が違っているから何をするかわからないな」

「隠元豆でお茶漬を食べて、何杯食べてものんこのしゃぁなんです。備前国へ親舟でいこうとしたら兵庫に行ってしまって、兵庫のお寺があって、坊さんがいて、坊さんの後ろに屏風があって、また坊さんがいて、その後ろに屏風があるというのは、これは何でしょうか」

「子供の謎だね、わからないなぁ。もう少しまとまった、何かひとつくらいしっかり覚えているところはないか」

「あっそうです、古池へ飛び込みました」「弥市には道具七品というものが預けてあるんだが、それを買ってか」

「いいえ買わず（蛙）に」

遊女

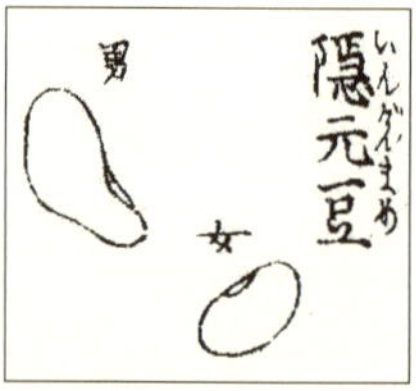

本差と脇差

刀にまつわる呪文のような口上

◆「祐乗、光乗、宗乗」は室町期の金工、後藤家の初代、四代、二代。「三所物」は目貫、小柄、笄のことで刀の装具。備前長船云々は金工横谷宗珉の小柄が付いた、刀工則光の脇差。四分一ごしらえとは、銀一分銅三分の合金。

◆加賀屋の使いがまくしたてた品々は『火焔太鼓』の主人が扱うものとは世界が違う。のんこの茶碗は三代目楽吉左衛門の井戸茶碗。金明竹の自在鉤に寸胴切りの花活け。松尾芭蕉真筆の掛け軸と大層なものばかりだ。

甚兵衛さんには扱いかねる品々

ずんどうの花活けなど

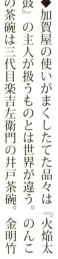

足の便を担う、船頭と駕籠かき

●色里へ上り下りの船の便

柳橋、日本橋、山谷河岸には船宿《ふなやど》が軒を連ね、吉原や深川といった遊里に遊ぶ客を送り迎えして賑わった。『船徳』の徳さんは柳橋の船宿に居候中の新米船頭。山谷堀を目指したはいいが、悲しいかな舟は意のままにはならない。客にも船頭にも不幸な炎天下の船旅になる。

浅草から川向こうの本所深川向島へは渡し船。『巌流島』の諍いは浅草御厩《おんまや》河岸《がし》から出て本所へ渡る船中で起きる。本所深川界隈には下級武士が多く住んでいて、客は武家と町人が乗り合わせることもしばしばだったのだろう。ちなみに渡し銭は庶民は有料、武士は無料だった。

●御府内は歩くのが基本

江戸市中の移動には徒歩で十分。侍や医者はともかく、皆どこへでも歩いて行ったが、駕籠《かご》で吉原大門まで乗り付ける御仁はいくらでもいた。駕籠には路上で客を待って乗せる辻駕籠と、噺に出てくるような、待機していて駕籠屋から出るものがある。『蔵前駕籠』もそうした客の一人を引き受けて駕籠かき二名は物騒な夜道を行く。駕籠屋をだまして客が二人で潜り込む顛末がおかしい『蜘《く》蛛《も》駕籠』という噺もある。

■山谷土手を往く駕籠かき。吉原に遊びにいく客は、駕籠で大門まで乗り付ける人が多かった（絵本江戸みやげ）。右図は渡し船の船着き場（絵本続江戸土産）。

第十一席●太鼓持ちになるより大変な船頭

船徳《ふなとく》

【お噺の面々】若旦那の徳さん　船宿のおかみさん　船客二人

船頭

　船宿の二階に世話になっている若旦那、家の方はもう駄目だから船頭になると言い出す。止めてもしかたないので、竿はこの位でいいだろう、艪《ろ》はこの位でと形は船頭になりましたが、まだ危なっかしい。
　＊四万六千日《しまんろくせんにち》の暑い盛りに、船が嫌いだという友達を連れて、客が若旦那のいる船宿にやってきた。
「暑いね。おかみ、船を出してくれ。＊大桟橋まで」

「あらまぁ、お気の毒に、あいにく全部出払ってしまったんですよ」

「出払っているって、船はもやってあるじゃぁないか」

艪と竿

四万六千日●七月十日の浅草寺観音詣のこと。毎月十日の「観音欲日」の特別な日でこの日お参りすると四万六千日に相当する。境内で赤い色の玉蜀黍《とうもろこし》を売る。これは雷除け。

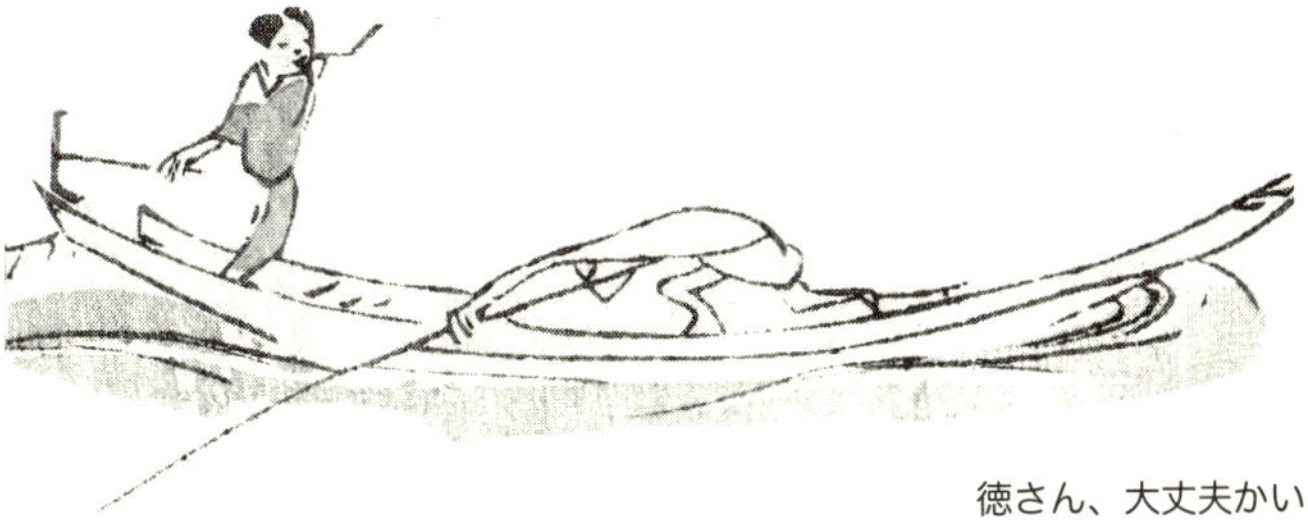

徳さん、大丈夫かい

「船はあるんですけど、船頭がいないんですよ」

「そりゃぁまずいね。おい、あそこで居眠りしているのは、ああそうか、お約束だね。大桟橋まで行ったらすぐ返すよ。おい、若ィ衆」

「はい、あっいらっしゃいませ、すぐ支度をします」

「徳さん、大丈夫かい」「大丈夫ですよ、この頃は」

「おい聞いたかい、あんまり大丈夫でもなさそうだぞ」

「あなたはねぇ、船が嫌いだからそんなことをいうんだよ。埃をかぶらないで、風に吹かれていいもんだよ。おかみ、若ィ衆は遅いねぇ、ちょっと見てきてくれよ。いたかい、いない。どこへ行ってるんだ。あぁ、出てきた、出てきた。おい、早く出してくれ」

「へい、ちょっと今髷をあたっていましたもので」

「おい、若ィ衆さん。竿は三年、艪は三月くらいなことは知っているよ。そろそろ艪に変わったらどうだい」

「ここんとこはもう少し、へい。艪に変われば……」「お

大桟橋●吉原へ通じる山谷堀入口にあった。ここで船を下りて日本堤を大門へ向かった。

い、どうでもいいけどこの船は回るね」「へい、日に三度っつ回るんです」

「まっつぐは行けないのかね」「行けなくはないんです」

「おい、今度は岸に近づくよ」「へい、どういうものか、この船というものは、岸が好きで」「あぁーぶつかる」

「へい着きました。そちらの旦那、傘を持ってるお方、傘を持ってるお方、そこを突いて下さい」「あーぁ、傘傘」「もうあそこには二度と帰れません」

「あのね、火箱*をこちらに取って下さい」「何もこのさなかに煙草なんか」

「うるさいねぇ、つけなさいよ」「おい、つけようとすると引っ込ませるね」

「つけさせようとすると、ひく。あっついた。若ィ衆、流されていないかい」「汗が目に入って先が見えないんです。あなたがたねぇ、大きな船が来たらよけて下さい」

「おやおや、船頭がのびちゃったよ。おい船頭、もう少しだ、頑張れよ」

「もう駄目です」「へたばっちゃった。しょうがない、お前さんをおぶってって上がりますよ。でかいけつだね。おお、浅いと思ったら深いね。やっと上がったが、船頭はどうした。おーい、船頭大丈夫か」

「すいません、岸に上がったら柳橋*まで船頭を一人雇って下さい」

火箱●煙草盆のこと。

柳橋●徳さんの船の出発点。二十軒ほどの船宿があり、川遊びの客に船を供した。

隅田川を往く猪牙船。石垣は米が集まる浅草御蔵

猪牙船が往く 隅田川

◆猪牙船《ちょきぶね》は姿が猪牙に似た船足の速い小舟で、吉原通いの遊び客を乗せて隅田川を行き来した。徳さん御一行は柳橋の船宿から山谷堀まで、三十町ほど（三キロ余り）を右往左往しながら遡った次第。船賃は一艘百四十八文で駕籠より格安。

船宿の直ぐ前に船着き場が

第十二席●兵法者の真髄は争わぬこと

巌流島《がんりゅうじま》

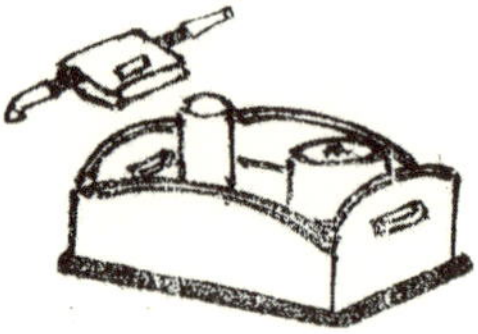

【お噺の面々】年頃三十ばかりの侍　船頭　屑屋　年老いた武士　渡し舟の客

　様々な稼業の人達が渡し船に乗っている。舟が岸を離れてしばらくいくと、舟縁にいた年頃三十ばかりの侍が煙管を舟の縁にはたいたとたんに雁首《がんくび》を水中へ落としてしまう。

「これ船頭、舟を止めろ。煙管の雁首を水中へ落とした」「そりゃあきらめて下さい。ここは流れが速く、川底も深いですから、とても同じ場所にはございません」「うーむ、残念」と川の表をにらみつけて、いかにも残念そう。

　すると、そこへ人を掻き分けて出てきたのが屑屋、

「お武家様、惜しいことをなさいましたな。いかがで

雁首

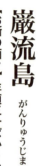

問題を起こしたのは浪人

渡し守

ございましょう、吸い口の方を私にお下げ渡し下されませぬか。これで、雁首と組み合わせて、お使いなさる方もございますので」。

「なにを、誰がおまえに下げ渡すといった。浪人をして身なりは見苦しいが、その方などに払い下げるようなものではない。無礼な奴、これへ首を出せ、打ち落としてやる」「いやご勘弁を」「ならん」

「つい商売気が出まして、申し訳ございません」

「ならんといったらならん、首を出せ」

「いやな侍じゃねぇか、屑屋が謝ってるんだ、勘弁してやるがいいじゃねぇか」口々に何かいっていると、

年の頃六十を二つ三つ超していようという年老いた武士が若い侍に近づき、「真に無礼な奴ではございますが、かような者を切られても、刀の汚れ。何とぞご勘弁を」と手をついて謝る。

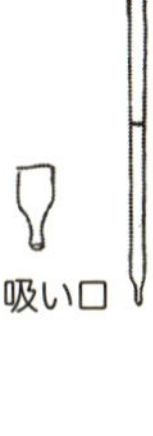

吸い口

「なに、貴公が屑屋になり代わって拙者の相手をいたすというのか」「お相手なぞと……」「できぬというのか。貴公も武士であるならば、よもや勝負ができぬというのではあるまい」「これは迷惑いたし方はあるまい、お相手をいたそう。だがここは舟中、皆の迷惑になる。岸＊へ着いてからいたそうではないか」「よかろう」

襷《たすき》を掛けて、袴の股立《ももだ》ちを高く舳先《へさき》に身構えた若い侍、今や遅しと岸に着くのを待ちかねて、もう少しで岸という時に、舟を蹴って陸へ飛び上がる。年老いた侍はこれを見て、すかさず鎗《やり》を持ち替え、石突きで岸をぐっと押し返すと、舟は今来た方へ。「船頭かまわぬ、舟を元の所へ戻してしまえ」「かしこまりました」どんどん舟は戻ってしまう。

「お武家様、うまいことをなされましたね」「いやいや、あれはわしの考えではない。昔佐々木岸柳という兵法者《＊へいほうしゃ》が、船中で争いになった時、このようにしたのだ」「あれぇ、あの侍刀くわえて裸で水の中へへぇったぜ」

老武士は鎗を小脇にかまえていると、若い侍が浮かび上がる。

「お主は拙者にたばかられたのを残念に思い、仕返しにまいったか」

「いや、雁首を探しにきた」

岸●お噺の舞台は「御厩の渡し」。舟は浅草御厩河岸から対岸の本所石原町へ向かっていた。岸は本所の船着き場。

兵法者●剣術を伝授する者を兵法者といい、武士の第一の道とされる。流儀は数多くあり、神道流、柳生流、神影流、一刀流など様々ある。

渡し船と隅田川の橋

◆江戸時代は今と違って隅田川に架かる橋は五基。上流から千住大橋、吾妻橋、両国橋、新大橋、永代橋。渡しは、橋を補うように千住大橋、吾妻橋間に橋場、竹屋、枕橋。吾妻橋、両国橋間に竹町、御厩。両国橋、新大橋間に安宅《あたけ》の渡しなどがあった。噺の舞台は御厩の渡し。

御厩河岸の渡し

事件の発端 煙管の仕組み

◆煙管には「延べ」と「羅宇」の二種類あり、延べは銅や鉄で造る一体型。事件の小道具は羅宇のほうで、吸い口と火皿を竹の管でつないでいる。

煙管師

第十三席●決死の覚悟で吉原行き

蔵前駕籠《くらまえかご》

【お噺の面々】強引な客　駕籠屋の主　駕籠かき　追い剥ぎの一団

龕燈と辻駕籠

時は泰平の世がにわかに騒がしくなったご維新の頃、どさくさに紛れて悪行に及ぶ輩も出てくる。軍用金の調達なぞと偽って、夜な夜な追い剥ぎ*を働く始末。そんな輩がよく出没したのが、吉原行きの通り道、蔵前通りで……。

「どうもあいすみません。まことにお気の毒さまでございますが、暮れ六つ*を打ちますと駕籠は出しませんで。蔵前通りが物騒でお客様は丸裸にされちまいます」

「追い剥ぎは毎晩出るってんじゃねえんだろ」

「それが出るんでございます」

「しょうがねえなあ。出るとこまでやっちゃもらえね

追い剥ぎ●往来に出没しては通行人を身包み剥ぐ。

暮れ六つ●日没。「打つ」とは暮れ六つを告げる時の鐘のこと。

担ぐ方も身軽ないでたち

えかい。追い剥ぎが出たら、構うことはないから駕籠をおっぽり出して、逃げちゃってもらおう。なにも駕籠ぐるみ持ってこうてんじゃねえだろ。明日取りに来ねえ。入れ物は空いてるよ」「蕎麦屋だね、まるで」

「駕籠賃は倍払う。酒手《さかて》は一分っつでどうだ」

いささか強引な客に駕籠屋の主が押し切られ、弱っていると、血の気の多い若い者が二人名乗りを上げた。

「お前の方にも支度があるだろうが、おれにもちょいとね。待っててくれ」

駕籠賃と酒手を前払いした客は、そっくり着物を脱いで支度とやらを始める。紙入れやら何やらを畳んだ着物につっこみ、駕籠の座布団の下に押し込んで駕籠に乗り込む。

「さあやっとくれ」

「やってくれって、旦那、ふんどし一つ……」

「うん、身軽ないでたちだ」

酒手●駕籠賃の他に払う心付け、ご祝儀。一分といえば仲之町芸者二人で一席の料金。気前が良過ぎないか。

「じゃ、行って参りますよ」

ぽんと肩がはいって、「えい、ほい、駕籠、えい、ほい、駕籠」と掛け声も威勢がいい。

浅草見附を出て、蔵前通りを真っ直ぐ行き、天王橋*を渡りきった時分に、遙か前方に怪しい人群。「待てえ」「出たあ」というが速いか駕籠をおっぽり出して、若い衆は脱兎の如く逃げてしまう。

「待てえ、待て待て」とやって来たのは、覆面に黒ずくめの一団。駕籠の周りをぐるりと取り巻いてお決まりの口上が始まる。

「われわれは由緒あって徳川家へお味方する浪士の一隊。軍用金に事欠いておる。身ぐるみ脱いで置いて参れ。なまじなまなか腕立てをいたすとためにならん。これへ出なさい。これへ出い。中におるのは武家か町人か。これ近藤、龕燈《がんどう》*をこちらへ向けろ。命までは取ろうとは申さぬ。身ぐるみ脱いで……」と、駕籠の垂れを刀の切っ先でぐいっと上げると、裸の男が腕組みをして、睨み付ける。

「もう済んだか」

天王橋●鳥越橋のこと。怪しい人の群れが現れた先に雷門がある。

龕燈

蔵前の駕籠屋

駕籠の種類と運賃はいかに

◆駕籠には路上で客を待って乗せる辻駕籠と、噺に出てくるような、待機していて駕籠屋から出るものがある。日本橋小伝馬町から吉原大門までの駕籠賃はおよそ金二朱、銭で八百文。

「事件」の現場 蔵前とは

◆蔵は幕府の年貢米を収めた「御米蔵」。蔵前とはずばり蔵の前の一帯で、幕末には百軒もの蔵宿があった。札差ともいい、旗本や御家人、下級の日禄を受ける者にその禄米を担保にして金を貸す商人で、いずれも商いは大きく、羽振りがよかったという。

ちなみに、隅田川を挟んで向かいの本所側には「御竹蔵」があった。

煎じ薬でご商売、江戸の医者

■真ん中の舟形をした道具が薬研（やげん）。右に見える石臼や薬研《やげん》で生薬を挽く。江戸の医者には薬作りが重要な仕事だった（童子専用寺子調法記）

●軽い病は売薬でしのぐ

よほどの重病でもない限り、江戸人は医者にはかからず売薬で済ませた。反魂丹《はんごんたん》、和中散《わちゅうさん》、実母散《じつぼさん》、奇応《きおう》丸《がん》などがよく知られている。反魂丹は江戸の初期、元禄頃から富山の薬売りが全国に広めたもので、食傷、腹痛などに用いる丸薬。『反魂香《はんごんこう》』という噺にも出て来る。「越中富山の反魂丹」を買う熊さんは、本当は焚いて魂を呼び戻す「反魂香」を求めて薬屋に行くのだが、名前を忘れたのだ。霍乱（日射病）、眩暈《めまい》には夏場だけ売られる粉薬の和中散。婦人薬は実母散、幼児の夜泣きや疳の虫には奇応丸と、いずれも漢方薬。

■揉み療治は気血の巡りをよくする。按摩は、医書では保養の部にあり「気血を通養する補いの第一」とある。図は『諸職人物画譜』。

病が重ければ医者にかかるが、病院はなく往診が原則。町医者の大半は漢方医で、当時は脈拍の様子から診断を下す「脈診」が漢方医学の中心だった。診察の結果、薬を調合し、治療費は「薬礼」、つまり薬代だ。

医の道は脈診と薬調合。名医の誉れ高い先生に代わって『代脈』に行く弟子は居眠りしながらも薬を刻んで日々精進している。

●誰にでもなれた江戸の医者

実際は開業医に弟子入りして医の道を極めて行くが、特に資格試験はなく、誰でも看板を掲げることができた。噺には『死神』のお告げで一儲けを企むいんちき医者もいる。『代脈』の大先生は大店のお得意をかかえ、往診には駕籠で行くという、町医者としてそれなりの地位を築いているが、なかには『夏の医者』さながらに、手の空いたときには農作業に勤しむ兼業医もいたようだ。

第十四席●玄関番が脈を診る

代脈《だいみゃく》

【お噺の面々】 名医尾台良玄　銀南　伊勢屋のお嬢さん　駕籠かき

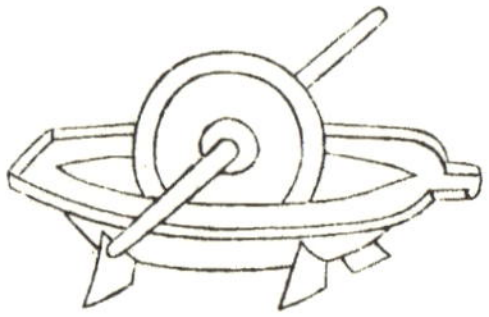
薬を粉にする薬研

中橋に、尾台良玄という名医がいる。この家の玄関番をしている者を呼んで、懇々と諭す。

「これ銀南、お前はどうして薬を刻みながら居眠りをする。少しは本を読んで、医の道に励まなければいかん。今日はな、お前を蔵前の伊勢屋さんに代脈*にやるから、行っておいで。伊勢屋さんのお嬢さんは知っているな。それからな、脈を診るだけで、ほかは診なくともよい。診た後でお茶が出て、羊羹が出るが、取って下さるまで、手を出してはいけない。取って下さったら、一切れだけ頂戴する。それからな、脈を診る時、こないだあたしが大失敗をした。下腹にしこりがある

代脈●代診。先生に代わって脈を取るなどする。

名医

ようなので、ひょいとさわると、おならをされた。これはいけないと、お茶をいって来たお内儀《ないぎ》に、聞こえない顔をしていると、何度も呼ぶ。やっと気がついたようなふりをして、近頃のぼせのせいか、耳が遠くていけない、ご用のある時は、大きな声でいって下さい、といってお嬢さんのおならが聞こえなかったことにした。こんな失敗をしないように、脈だけを診て来なさい」

「なんだい今日は、駕籠に乗るのはあの馬鹿かい」

「しょうがねぇや、大先生が代脈へ行かせるというのだから。おい、銀南、早く乗れ」

先方に着くと、駕籠かきは「若先生、着きました」。いわれた銀南は、駕籠の中だということを忘れ、いきなり立ち上がり、「いて」。

「ええ、本日は大先生が急病人がございましてこられませんで、若先生のお代脈です」

それでも番頭などに迎えられて、銀南の若先生、病間へ通って、お嬢さんの脈を診る。舌を出させ、これでやめておけばよかったのに、下腹のしこりというのをさわってみようと、手を触れる。すると案の定大きなのをひとつ放つ。

やったもののびっくりして、手を清める水を持って来た下女から、お内儀が水を受け取り、「若先生、お手を」といわれても、聞こえないふりをしている。何度かいわれてやっと気がつき、手を洗ってお茶になる。ところが、「おひとつ」と声をかけてくれない。

待っていると、しばらくして「甘いものはお嫌いですか」と聞かれ、「大好きです、しかし医者というものは、すすめて下さらんと食べられません」

「これは気がつきませんで、おひとつ」「うん、うまいな」

「残りはお供さんに」「いやいけない、あれは意地が汚いから、あたしが頂戴していく。ときに、お内儀、近頃のぼせのせいか、耳が遠くて困る」

「あら、こないだ大先生も同じことをいわれていました」

「ご用は大きな声でお願いする。さっきのおならも聞こえなかったのでね」

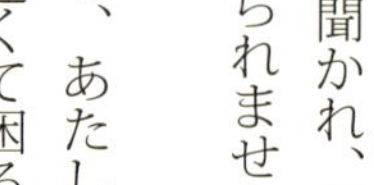
甘いもの

薬を作り仕分ける

薬を刻み 医の道を励む

◆薬には練薬、粉薬、散薬、膏薬と色々あるが、原料の生薬を薬研《やげん》などで刻み、砕き、調合するのが医師の腕の見せ所だった。居眠りをしてる場合ではない。

駕籠で往診 乗物医者

◆江戸の開業医には、薬箱を携えて徒歩で往診する者と駕籠を使う者がいた。『代脈』の大先生は自前の駕籠とかき手の奉公人を抱えていたようだ。医者の駕籠を担ぐ者は、医者の陸尺《ろくしゃく》（略して医者六）といい、先生の名字を一面に連ねた独特の腹掛けを着用した。代診の銀南はお抱え運転手の車に乗る気分だったはずだ。

第十五席●うわばみも人間も食にあたる

夏の医者《なつのいしゃ》

【お噺の面々】 病人　その息子　おじさん　隣村の老医玄伯　うわばみ

うわばみ

「とっつぁん、あんべい悪いって」「年が年だで」

「医者殿に見せたか」「医者殿たってこの村にはいねえし、吉田には月にいっぺんしかござらんし」「一本松へ行けば、古い先生で、玄伯老というのがいる」「そうだ、じゃ、ちょっくら行ってくべ。留守頼みます」と出かけていったが、隣村というから五、六丁*くらいかと思うと、山を回って六里の所。

「御免くだせい。先生様いらっしゃるか。あれ、留守か」上がって奥へ行くと、畑で草をむしっている。

「先生」「はいはい、今ここ二坪ばかりで草おえるから」呑気なもので、迎えを待たして草むしり。

丁●長さの単位。一丁は六十間、一間は約百八十センチ。一丁は百メートル余り。

医者殿

「えかく待たしたな」先生は、袂《たもと》のある物を着て、色のわからなくなった帯を締め、蝉の羽根のような羽織を着て出てきた。「あぁ、そこに薬籠《やくろう》があるから持っていってくれ」「なんだね、薬籠って」「薬入れだ。支度はいいだ、じゃぁ行くべ。あぁ、そっちへ行っちゃ六里ある、山越えをすべぇ。四里半ほどだ」

「あぁ、しょっぺしょっぺ、えらく汗をかいた。あぁ、一服しながら風を入れるというのはえぇなぁ。そっちじゃ今年は、麦はどうだった」「よくねぇ」

「おらの方じゃぁよかったなぁ。ちっとの違いだが、土地の性質が違うでなぁ。野菜物は」「うん良くねぇ、こう日照り続きじゃぁ。先生そろそろ行くべぇ」

「せわしねぇ男だ。もっとも病人がいたじゃ、あぁ、行くべぇ」「あっ、何だ、急に暗くなった」

「日が暮れたわけではあるめぇ。あっ、うわばみに呑まれたかな。よしよし、薬籠があるべぇ、かしなさい。

山越え

下剤をかけてみべぇ」

　*大黄《だいおう》の粉を振り撒くと、だんだん効いてきたとみえて、あっちへどたり、こっちへどたり、そのうちに一気に下される。「先生、あぁ、良かった」「ただいま帰りました」「くせ」「うわばみに呑まれた」「先生様は」「あれ、ここに来てとけたかな」「何だ、とけたって」「あぁ、井戸端へござっしゃるだ」

「あぁごめんくだせい、ごぶさたをしております、こんな格好で。弟さんのあんべぇが悪いって、あぁ、見てしんぜましょう。あぁ、これは何かにあたったんだ、何か余計に食べなかったかな」「*萵苣《ちしゃ》のごまよごしを、好物だって」「夏の萵苣は腹にさわるだ。よしよし心配ない、薬籠をかしなさい。なに、薬籠を忘れてきた。しょうがねぇねぇ、おらちょっくら行って、うわばみにもう一度呑まれてくべぇ」

「あぁ、やれやれ、あぁ、ここにござったか」

　うわばみは真夏に下剤をかけられ、頬の肉はそげ落ち、眼肉が窪んで、散々の様子。「あぁ、さっき呑まれた医者だが、もういっぺん呑んでほしい」

「いやぁ、駄目だ。夏の医者は腹にさわる」

大黄

うわばみと下剤の因縁

◆人を呑むという巨大なうわばみは、噺の世界ではしばしば登場する。『蛇含草《じゃがんそう》』や『そば清（蕎麦の羽織）』などだが、どちらもうわばみが愛用する人を溶かす下剤の効能で、服用したおっちょこちょいは跡形もなく消えてしまう。

薬籠に収める物は

医者と薬箱

◆薬籠には引き出しが数段ついていて、刻んで整えた薬剤が収められている。往診先では症状に見合った薬を調合することができる。『百川』に登場する外科医の鴨池先生などは怪我の応急処置をする道具も入れているだろう。

第十六席●火種は消してはいけません

按摩の炬燵《あんまのこたつ》

【お噺の面々】　大番頭　按摩さん　小僧の定吉　徳どん

炬燵が欲しくなるようなある寒い晩、大きな店の大番頭さんの肩をもみ終えた按摩さんが、今もんだ番頭さんに聞いている。

「御番頭さん、こういう寒い晩には一口召し上がると体が温まりますよ」

「それがあたしはからきしだめでね、ちょっと飲むと寒けがぞくぞくしてくる」

「そうですかねぇ、あたしは冬でも飲むと布団から足を出すくらいに体がかっかしてくるたちでしてね。どうです御番頭さん、あたしが生き炬燵になりましょう。今いうとおり、私は酒が入ると体がかっかとしてきま

按摩さん

す。御裕福な隠居さんは、二十歳前の若い娘をふたあり寝かせて、その間に自分は入ってお休みになるなんていいますが、御番頭さんのために炬燵になりますから、お酒を少々頂戴させてください」

それは助かるというので小僧の定吉を酒屋に走らせ、よい酒を五合買わせる。なにしろその頃は直火を用心して、大きな店では火を使わせなかった。そこへ按摩さんの申し出だから、すぐ事は運ぶ。

「燗《かん》、いやいやこの湯呑みでいただきますから。じきにあったまります、よい御酒ですねぇ。いまね、そろそろ火がつき出しましたよ、はいこれでおつもり。ではどこで炬燵になりましょう、帳場の方で、はいはいここでなりますか。何を笑っているんだい。御番頭さんは手水《*ちょうず》へ行っている、それをいってくれなければいけません。はいお帰りなさい、これは冷たい。おあったかでしょう。おや誰だい、もう一人入ってきた、徳

帳場

手水●手水場、雪隠。用をたすところで手洗いのこと。

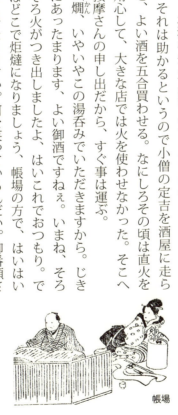

どんですね。こういうことは最初にいっておいてくれなきゃ困ります。うわっ、また入った、またかい。おや誰だい、しとの頭をまたぐのは、いけませんよう行儀の悪い。今度は、小さいのは、定どんかい、お使いご苦労様。背中へ足をのせなさい。御番頭さん、いかがです、おあったかですか。おやもうお休みかい、これは大変だ、歯ぎしりがすごいね。誰だい寝言をいっているのは。おいおい、定どん、そんなに暴れちゃいけないよ。夢を見ているんだな」

「何いってやんでぇ、お前なんかに負けるものか」

「誰かと喧嘩をしている。定どん負けるな、どんどんやれ」

「てやんでぇ、まごまごすると頭から小便をひっかけるぞ」

「そうだそうだ、かまうことはないからひっかけてやれ。あっいけねぇ、本当にひっかけたよ。おいこりゃいけませんよ」

「どうしたどうした、何の騒ぎだ」

「定が小便を漏らした」

「これは尻始末が悪いんだから、按摩さん、もう一度あたらしておくれ」

「いけません、火が消えました」

得意先でご災難 按摩さん

◆按摩さんのご商売は、得意先だけに行く者、「ふり」といって得意先を決めずに町を流す者、自宅で行う者などがある。左図のように「ふり」の按摩は笛を吹くのが各地共通。

按摩さん

江戸の暖房事情

丸火鉢

炬燵

◆農村部では部屋の中央部に一段低い炉を作り、ここで薪を燃して暖をとり、一家団欒《だんらん》をした。こうした囲炉裏《いろり》などは長屋住まいの身には無理な話で、火鉢が精一杯。住宅が密集した江戸の町ではよく火事があり、火の始末もしっかりしなければならなかった。

色町にうごめく、きつねとたぬき

●女郎買い、贅沢遊びは吉原で　江戸の色里の根本が吉原。浅草寺の裏手にある遊廓だが、正しくは新吉原という。このほか江戸には品川、内藤新宿、千住、板橋と四つの宿場があり、ここにも飯盛女《めしもりおんな》と呼ばれる女がいて、品川などのように幕末にはかえって盛んだったところもある。吉原が北にあったところから「きた」と呼ばれたのに対し、品川は「みなみ」。江戸時代末期の品川は格式ばらないだけに手軽な遊びができたよ

うだ。
●女郎も客もしたたかな噺の色町
　町内の若い者三人がそれぞれ吉原の同じ女から「年が明けたら夫婦に」という同じ文面の起請《きしょう》をもらったことが分かって騒動になる『三枚起請』。品川宿では筆頭女郎のお染《そめ》が、年には勝てず入用な金が工面できずに、客を巻き込んで心中を図る『品川心中』。品川の噺では『居残り佐平次』も有名で、こちらは客の方がとんだ食わせもの。遊びのお代を払わずにのらりくらりとやり過ごして、鮮やかに楼から去っていく。

　遊客相手の商売に携わる幇間《ほうかん》、いわゆる太鼓持ちは遊女と同じくピンキリだが、『愛宕山』、『つるつる』、『鰻の幇間』ほか、かれらが主役の噺は数多い。

■新吉原仲之町八朔図（江戸名所図会）。八朔（はっさく）は江戸城で白い着物で総登城がある日。遊女らも八月一日、八朔に白い袷を着た。下図は花魁の本音（世志此銭占）。

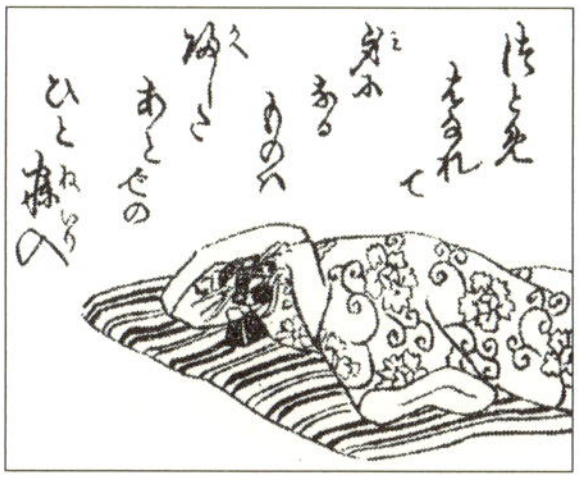

第十七席●三人が書いてもらった起請のもとは

三枚起請《さんまいきしょう》

【お噺の面々】兄貴　吉公　おしゃべりの清公　喜勢川花魁《おいらん》

証文

「おいおい吉公、ちょっと寄ってきな、上がれ。お前この頃夜遊びが過ぎるってぇじゃぁねぇか、昨日おっかさんが来てこぼしていったぜ。どこへ行く」「なか」「なかってぇと吉原だな。お前ね、あんな所の女のいうことを真に受けていると、とんだ目にあうぞ」

「＊起請文《きしょうもん》持ってんだ」

「うーっと、新吉原江戸町二丁目朝日楼内、喜勢川《きせがわ》……。これは確かに喜勢川が書いたものかい。この女は昔品川にいやしなかったかい」「去年なかに住み替えてきたんだ、色の白いぽっちゃりした……」

「こんなものを後生大事に持っていても、何の役にも

起請文●愛を誓う誓約書。熊野牛王の御符という、紀州熊野権現発行の誓紙を用いる。文言を綴って署名血判し、交換して肌身離さず保管する。

花魁に嘘は付き物

たたねぇ。欲しけりゃもう一めぇくれてやるよ、ほら。俺はこいつが品川にいる時分にこれを書いてもらったんだ」「そうすると、俺は騙されたんだ」

「おい、おしゃべりの清公が来たっていうんだよ」

「おい、やなことをいうじゃねぇか、俺がいつ何をしゃべったっていうんだ」「誰もいわねぇよ」

「今いったじゃねぇか」

「そうじゃねぇ、吉公がなかから起請をもらったって喜んでるから、そんなことを人におしゃべりするんじゃねぇ、おっ清公が来た、とこういったんだ」

「あっそうか、吉公がもうそんな年頃になった。どれ、俺にも見せろ。おや、これは喜勢川、色の白いぽっちゃりした女」「兄貴もう一枚出そうだ」

「冗談じゃねぇ、俺のはそんな生優しいもんじゃぁねぇ。去年の暮れ、どうしても金がいるてんで、日本橋に奉公している妹のとこへ行って、おふくろが病気だ

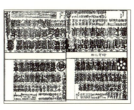

新吉原江戸町二丁目

といって、＊質物《しちもつ》を借りて旦那に前借りをしてもらってこさえた金を持っていった時、書いてくれたのが、俺の起請文だ」「吉公、黙って見ているな。血相変えて台所に行った、止めろ」「大丈夫だよ、おろし金を持ってきた」「清公それをどうする」「これであいつの鼻をかく」「よしなよしな、俺が懲らしめてやる」てんで三人して吉原へ繰り出す。「おう清公は屛風に隠れろ、吉公は戸棚だ」「どうしたのさ、お前さん。あたしにも一服吸わせておくれよ。なんだね、やにが詰まってけぶが出ないよ」「これでこよりを作れ」「お前さん、なんだいこれは、あたしが書いた起請文じゃないか」「そうか。だってお前は下駄屋の吉公にもやったろう」「誰があんな水瓶におっこったまんま粒に」「おい、まんま粒出てこい。まだあるぞ、経師《きょうじ》屋の清公にも」「誰があんなかますの干物に」「おい、かますの干物出てこい。いやな起請を書く時は＊熊野の烏が三羽死ぬってんだ。一体お前は何枚書いたら気がすむんだ」「もっとたくさん書いて烏をみんな殺したい」「何故」「朝寝をするためさ」

質物●質に入れる物、質草。

熊野の烏●起請文を取り交わすたびに、熊野では烏が一羽死に、その誓いを破れば三羽、血を吐いて死ぬといわれた。

吉原細見

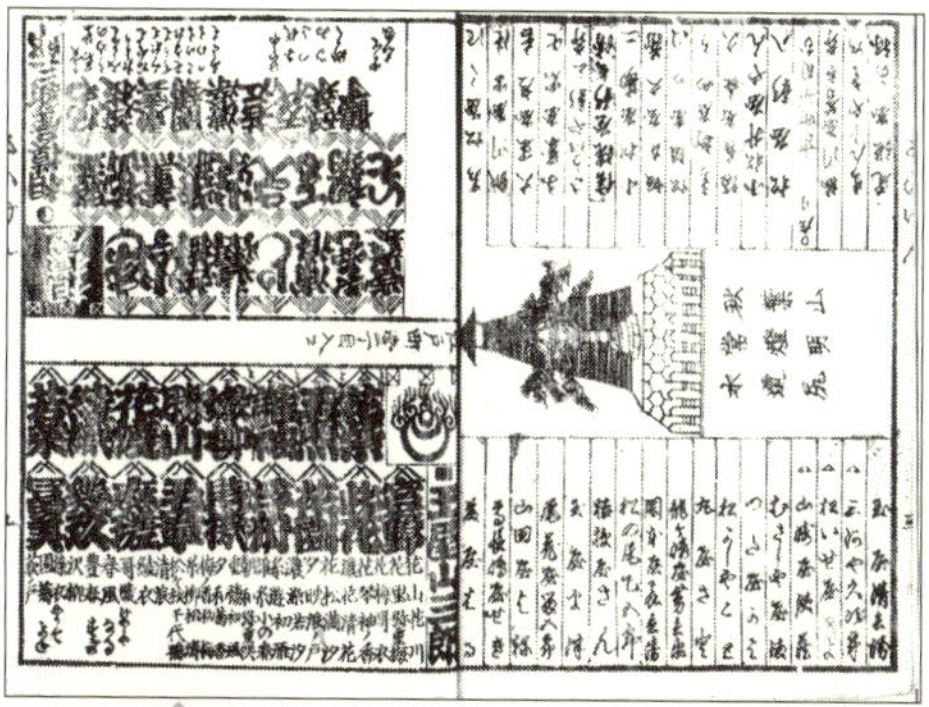

色町の案内書　吉原細見

◆吉原細見は遊びの手引書。始めに太夫《たゆう》はいくらで座敷持ちはいくら、その印は二つ山形などと解説があり、一年中の紋日《もんび》（特別な日）が書かれている。次からが地図になっていて、大門から見世の名が並んでおり、置いている遊女の品と名が示してある。巻末には男芸者や女芸者の表がつく。同様に品川細見というのもある。

起請文は花魁の方便

◆遊女と客は騙し合うものなのか。左図は山東京伝の『新造図彙《しんぞうずい》』のひとこま。「鷽うそ　今は女らより客の方がよくこの鳥を愛す。この鳥に舌二枚あり、かわを剥いでうそのかわという」とある。したたかでなければ色町では生き抜けないようだ。

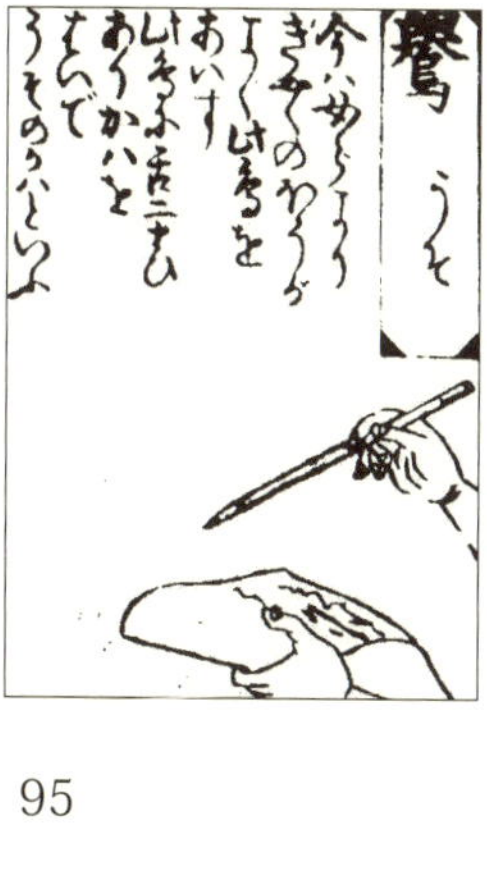

うそ

第十八席●突き落とされ、一人だけ品川の海

品川心中《しながわしんじゅう》

【お噺の面々】宿場女郎お染　貸本屋の金蔵　親分　弟

宿場女郎

品川の宿場女郎《しゅくばじょろう》に、お染*というのがいる。これが以前は板頭《いたがしら》といって一番売れていた子だが、ちょいと老けこんで、若い子に追い越され、この頃では紋日のやりくりもつかない。こんなことじゃぁ死んでやろう、ただ死ぬのはみっともない、金に詰まって死んだといわれちゃ、というので帳面を引っぱり出し、心中の相手を探し出す。「この人は女房子があるし、このしとは死んでくれない。こいつならいいや」と選ばれたのが、近頃よく通ってくる、芝神明《しばしんめい》前の貸本屋の金蔵《きんぞう》。

「金ちゃんよく来てくれたわねぇ、実は相談があるのだけれど。お前さんと末は夫婦と約束していたけど、

お染●名目は宿泊客の給仕。吉原のような高尾、喜勢川といった源氏名はなく、普通の名で出ていた。

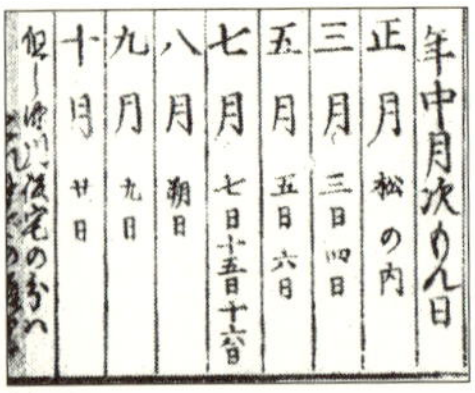

紋日

貸本屋

だめになったの、金がなくって。どうしても死ななきゃならない」「なにも死ななくったって」「だめなのよう」「そうか、いくらありゃぁ死ななくてすむ」

「二十両*あれば」「それは無理だな」「いくらなら」

「三両二分」「それじゃぁしかたがない、一緒に死んでおくれ」

その晩は申し分のないほど尽くされて、翌朝は金蔵さんふわふわになってそこを出る。家財をばったに売り、白無垢《しろむく》と脇差を買い込み、親分のところへ暇《いとま》ごい。

「今度旅に出ることになりました」「どっちに行くんだ」

「西の方*」「いつ帰る」「盆の十三日」

「おい、お前は品川の女郎に入れあげているというが、よした方がいいぜ」「さいなら」と品川へ来る。

飲み納めに食い納めというので、金蔵は食い、飲んで高いびき。

「金ちゃん」「おっ、まだ夜は明けねぇだろ」

二十両●女奉公人の年給が二、三両というからかなりの高額。幕末の酒四斗樽二十樽（一升瓶八百本）が普通酒で二十両。

西の方●西方浄土。阿弥陀様のところへ逝く、と。

「夜が明けてどうすんだよ、死ぬんだよ」と手を引かれ、*裏の桟橋まで連れていかれて、後ろからつかれてどぶん。お染も続こうとしていると「おい待ちねぇ、金を頼んどいた木場の大尽が来た」と声が掛かる。

「そりゃぁ困った、今先に一人」「誰だい」「本屋の金さん、金公」

「いいよあんな奴は」「金ちゃん、死ななくて済むそうだから、そのうちあたしも行くからそれまで失礼」

　品川は遠浅、金蔵苦しいんで立ち上がると、膝までしか水はない、親分のところまで来てこの話をすると、親分が「よし、皆手を貸せと」いうので、金蔵はやせ衰えた姿になり、先へ上がっている。後から親分が弟というのを連れてやってくる。

　金蔵が死んだことをお染に告げると、「嘘だ、今来ている」という。じゃぁ部屋へと来てみると、布団の中に位牌があり、金蔵はいない。どうしようと騒ぐのを、髪を切れとすすめると、ぷっつりと切る。これに五両を添え、「これで浮かんでくれるかねぇ」。「浮かぶとも、金蔵浮かべ」「へい」と踊って金蔵が出る。「よくも騙したね」

「お前があまり客を釣るから、魚籠《びく》（比丘）にした」

裏の桟橋●海岸線が遠のいた今では想像がつきにくいが、往時の品川宿は波打ち際で、遠浅の砂浜だった。

比丘尼

品川宿

江戸の四宿と宿場女郎

◆四宿は東海道の品川宿、甲州街道の内藤新宿、日光街道・奥州街道の千住宿、中山道の板橋宿。天保の改革で岡場所はなくなり、遊女と遊ぶ場所は吉原か四宿とされたが、あくまでも宿場であり、旅籠《はたご》に飯盛女を置くという触れ込み。飯盛女は、給仕は建前で実質は宿場女郎。吉原のような官許ではないが、半公認の色里だ。

客にとっては物入りな紋日

◆「紋日《もんび》のやりくりもつかないから死のう」とお染が思い詰める紋日とは、お茶を挽くことが許されない日。幕末の細見で見ると年中月並み紋日として、まず正月松の内。三月三日、四日。五月五日、六日。七月七日、十五日、十六日。八月朔日。九月九日。十月二十日。遊女は必ず客を取り、客の方も揚げ代をはずむ。

第十九席●金に恨みは数々ござる

愛宕山《あたごやま》

【お噺の面々】太鼓持ちの一八　繁八　旦那

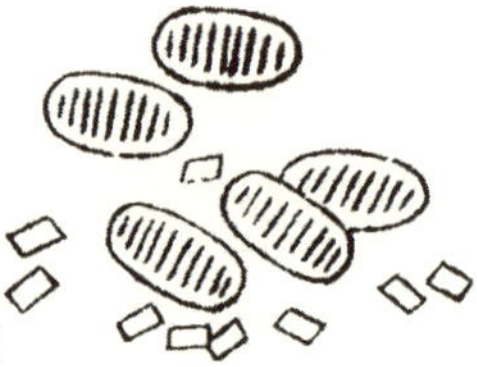
小判

江戸の旦那に京都に連れてこられた太鼓持ちの一八《いっぱち》と繁八。一八は、明日は愛宕山*に登るからもう酒はよせと旦那にいわれ、あんな山は朝飯前だとばかりその夜は呑む。

さてそのあくる日、山にかかるとこれが大変な山。旦那を先にやって、しんがりを勤める一八は、やっとの思いで中腹までたどり着く。そこで旦那は土器《かわらけ》投げをするという。そこは芸人の一八、やってはみるが全然的へ入らない。

よく見ると、旦那は投げる時、土器の端を歯で噛んで欠いている。一八はこれもまねしてみたが、やはり

愛宕山●京都上嵯峨の山。山頂に愛宕神社があり、山遊びをかねての参詣人で賑わった。山頂までは九百余メートルあり、けっして朝飯前とはいかないようだ。

土器

太鼓持ち

うまくはいかない。
　そうこうしているうちに、旦那が懐から小判を取り出した。どうするのかと聞いてみると、土器の代わりにこれを的へ向かって投げるという。一八が止めるのも聞かばこそ、旦那はどんどん投げていく。「旦那、もうそれでおよしなさい。残りは私に頂かせて」と必死で止めたが、ついに残らず投げてしまった。「ところで旦那、投げた小判はどうするんです」と聞くと、そのままにして愛宕山に向かうという。「じゃあ人が拾うでしょう」と聞けば、「ああ、その時は拾った人の物になる」。
　一八が悦んだ。「旦那、もしあたしが拾えば、小判は私のものになるんですね。確かですね」、これを聞くと一八、茶店から番傘を借りてくる。それを開いて飛び降りようとしているが、なにせ深さが八十尋《*ひろ》、どうしてどうして飛び降りられない。

番傘

尋●十粒の粟を一分とし、十分を一寸とし、十寸を尺としたという。一尺は約三十センチ、一尋は八尺。八十尋はざっと二百メートル。

何回も試みているのを見て、旦那が繁八にささやく。

「おい繁、一八の後ろを突いてやれ」「だめですよ旦那、そんなことをすれば死にますよ」「死にゃあしないよ。突いてやれ」「そうですか」というなり、ひょいと突いた繁八。
一八、傘を握りしめて谷底に着く。「さあ小判だ」と残らず拾ったものの、上へどうやって上がるんだ、といわれてやっと気がついた。道は無い。そこで安くない絹の着物を脱いで、これをぴーぴーと裂き出す。「おい見ろ一八はどうかした」、と旦那。そんなことはお構いなく、裂いた絹で縄をより、その先に手頃な石を結わいつける一八。生えている竹の頃合いのを探し、ぽーんとその竹に縄を巻き付けた。それから精一杯の力を振り絞って竹をたわめていく。
うん、うん、どっこいしょ、どっこいしょと綱をたぐって弾みをつけ、つつつと足を出して、竹の弾ける力で上に飛び上がってくる。

これを見た旦那、「一八、お前は見あげた奴だ、生涯贔屓《ひいき》にしてやる」。

一八は、ありがとうございますと悦んでいる。

「ところで一八、金はどうした」「あっ、下に忘れてきました」

縄

舞台は様々 太鼓持ちの世界

事件の舞台愛宕山

◆太鼓持ちは幇間《ほうかん》、男芸者ともいわれた。吉原や岡場所双方にあり、芸達者な一流の人もいて太夫と呼ばれた。市中に住んで若い遊び人の供をして宴席に興をそえるのもいて、これは野太鼓《のだいこ》という。

芸とよいしょで 世を渡る

◆諸浄瑠璃を語り、何々太夫と呼ばれるような人も多かったようだが、噺のなかの太鼓持ち連中は芸のほうは怪しい。扇子を鳴らしながら路上をうろうろする『鰻の幇間』がいい例で、行きずりの旦那にごちになりそこねる哀れな野太鼓が主役だ。決まった旦那がかろうじている『富久』の久蔵はいくらかましか。

第二十席●太鼓持ちの純情は夢になる

つるつる

【お噺の面々】太鼓持ちの一八　旦那　芸者のお梅ねえさん

お梅姉さん

「おう、一八じゃぁねぇか」「おや旦那」

「これから行こうというんだ、つき合え」

「それがね、あたしにちょっと心祝《こころいわい》があるものでね」

「なんだいその心祝というのは」

「実は内のお梅ねえさんが、今日色好い返事をね」

「なにを、お前はいい芸人だな、内の芸者と何かしようと客を断る」

「大きい声を出しっこなし。つき合いますがね、遅くまではいけませんよ、いいですね」

「どうもつまらねぇなぁ、何かやろうじゃねぇか、一八。一盃飲むと金をやるという賭けをやろう」

商売で飲んでいる

「よいですねぇ、じゃ、これに。おっととと、いけませんよう、姉さんこんなに注いじゃって。へい、飲みますよ。でもねぇ旦那の前ですが、酒をね、飲むとあたしはだらしなくなるから駄目だってこういうんですよ。だからね、あれ、今飲みかけた猪口《ちょく》がいっぱいになっているよ。誰だい、こっちは商売で飲んでいるんですよ、本当に。あれまた注ぎたしたね、こうなると犯人を捕まえるよ、ほらこいつだ。そういうことをしていいかい、旦那にばらすよ。旦那ね、この子はこんな顔をしていてね、駄目だよ、もういけませんよ、あれ、またいっぱいになっているじゃぁねぇか。あなたがたね、今日はあたしはただのからだじゃぁねぇんですよ、何故そういうことをするのですか。賭けですよ、さぁ飲んだ、お金を下さい」「ほらやるよ」

「ありがとうございます。あのね、この子はね、色があるんですよ。こないだね、横町から出て来てね、男

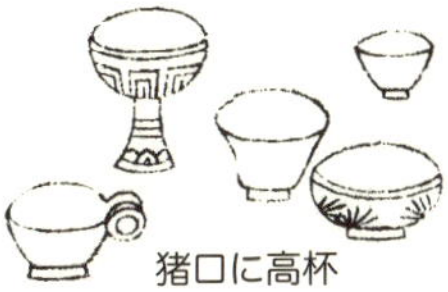
猪口に高杯

にすがって歩い……、おやいけないね、また注ぎたした。こりゃぁ駄目だ、色だとか、恋だとかなんて浮気な話じゃぁいやだけど、お前さん覚えているかい、あたしが病気になった時、親切に看病してくれて、あれが忘れられないいんだっていうんですよ。これはいけない、もう帰らなくちゃぁ、では旦那、お先に帰りやす」


「あぁ、酔った。そうと忍んで、こりゃ駄目だ、お梅ちゃんとこに行くには、師匠の枕元を行かなければいけませんよ。こうなると困ったね、そうだ、裸になって、帯を腰に巻き付けて、*明かり取りの桟《さん》に結びつけて、時が来たら、つるつる、と下りるというやつ。お梅ちゃん来ましたよ。何てぇかな、おやよく来たね、へい、酔っても約束を守りました、ふーっ、うん、お梅ちゃん来ましたよ、お梅ちゃん来ましたよ、ぐーっ、ぐーっ」

　はっと気がつくとあたりはもう明るい。つるつると下りていくと、師匠が飯を食っている。

「何をしているんだ」

「へい、*井戸替えの夢を見ておりました」

明かり取り●天窓。屋根に取り付けた切り窓で、採光と換気用。
井戸替え●井戸さらえ。井戸水を汲み出して中の掃除をすること。「つるつる」っと井戸の底へ下りていく、と。

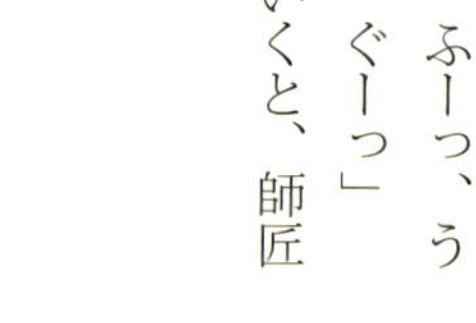
井戸

芸者、幇間遊びのお代

◆吉原の仲之町芸者の多くは裏店などに住んでいたり、或いは仲之町の茶屋に一人二人抱えている家もある。この仲之町芸者一組二人で一席金一分。昼夜を雇えば一両一分。

座興の酒宴のつなぎ、太鼓持ち

つるつるの一八住まいの様子

◆噺に出てくる太鼓持ちは町の裏長屋に棲息する御仁が多い中、『つるつる』の一八は色里の正統派。太鼓持ちの師匠が芸者置屋を営んでいて、お抱えのお梅ちゃんと一八は「同居」。男女芸者を管轄する検番からの声掛りでお座敷に呼ばれる日々を送る。

腕一本で生きる、職人の世界

●職人は江戸の暮らしを下支え

職人になるには十歳かそこらで親方のところへ弟子入りをして十年。一年のお礼奉公を経て、親方から道具一揃えをもらっての独り立ちだ。

職人には出職《でしょく》と呼ばれる大工や左官、鳶など、外へ出て仕事をするものと、家で仕事をする居職《いじょく》がいる。火事が頻繁に起きた当時は建築に携わる出職人は引きも切らず仕事があり、日用の品りをすべて手作りしていた時代ゆえに

■『御江戸町尽』に載る町火消の纏図。町火消は各組に纏があり、組の印、いろはの文字を図案化した半纏を着て出動。普段は土木関係の仕事だが、出動する時は各自鳶口を持つので、彼らのことを鳶とも呼んだ。

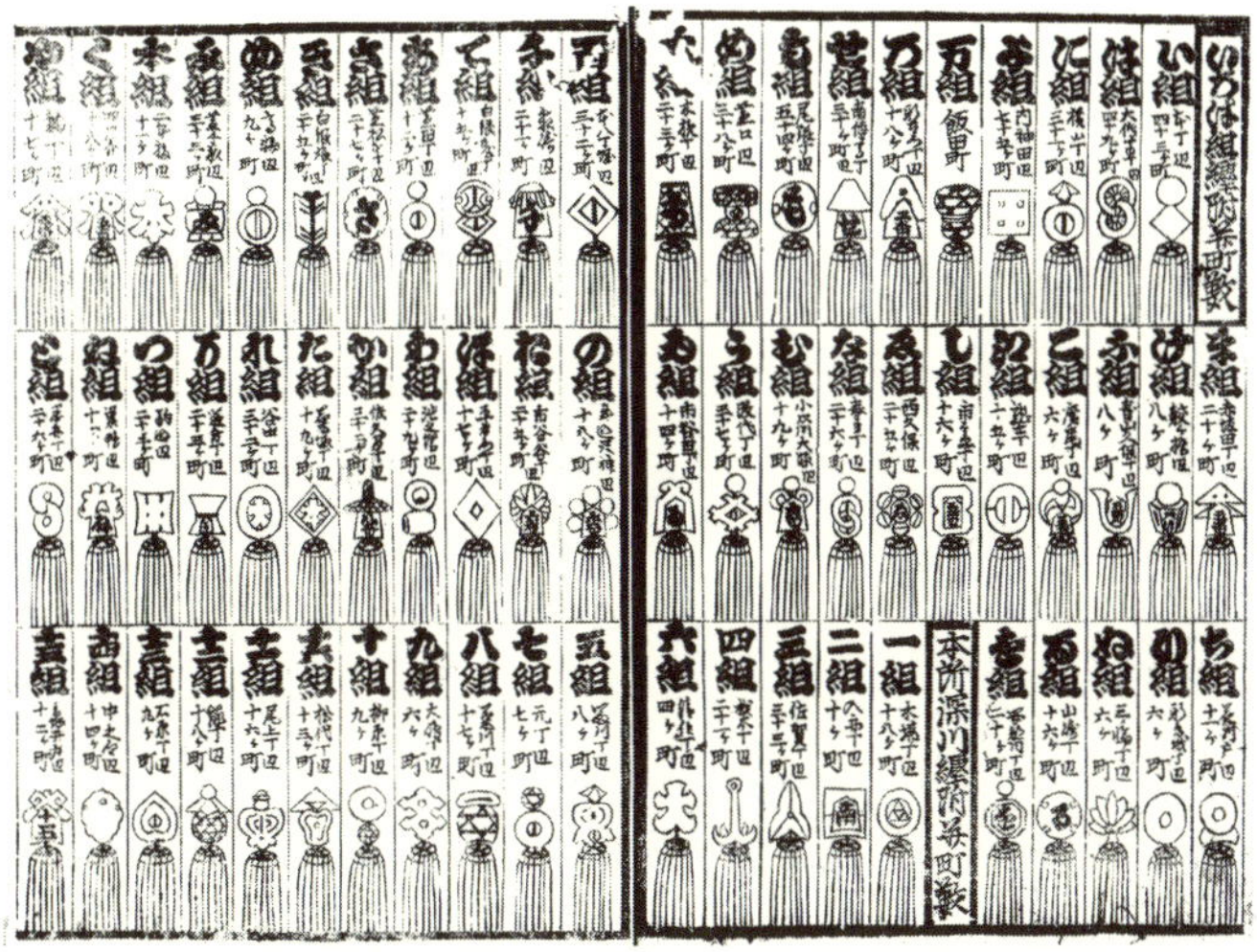

幾多の居職人がいて、指物《さしもの》師、塗師、鋳物師、蒔絵師、彫物師、筆師、研ぎ師など限りがない。

●噺のなかのお職人衆

噺によく登場するのは出職の面々で、大工仕事の真髄がうかがえるのが「甚五郎噺」のひとつ『竹の水仙』。

一方、お馴染みの八つぁん、熊さんは大工に扮して主役脇役を問わず所かまわずに出没。飲んだくれだったり、博打好きだったりで難があるにしても、皆腕があるからこそ、芯は揺るがない。権威におもねることもなく、己の力で生活して行くんだという自負。町人の江戸っ子気質を絵にしたような人々が職人。

第二十一席●名人の作った草木に花が咲く

竹の水仙《たけのすいせん》

【お噺の面々】甚五郎利勝　師匠の墨縄　玉園棟梁　大黒屋金兵衛

水仙

飛騨国山沿いの生まれ、幼名を利根松といった子供が、十二歳で飛騨の匠墨縄《すみなわ》の門人になり、十六で元服*。名を甚五郎利勝と改めた頃にはもう相当の腕前。

二十一になった時、師匠の墨縄から、「もう俺の知っていることはすべて教えた。これから三カ津といわれる、江戸、大坂、京都の仕事を少し見て来たらどうだ」というので、墨縄の兄弟弟子が京都にいるというので添書を持って出かけていく。

京都の玉園《たまぞの》の棟梁は、墨縄からの手紙に、「仕事は俺よりもうまい。変人で、酒が好きだからよろしく」と書かれているのを見て、伏見に家を持たせる。仕事

元服●江戸期には一般に前髪を剃るのを元服といった。額際を剃って角を入れるのが半元服。

棟梁

なぞはしない。

ある時、宮中から玉園棟梁のところに、何か珍しいものを彫れと御下命がある。この時だというので、甚五郎に何かを彫ってみろというと、竹の水仙を彫り上げた。これを作った者を呼べ、ということになり、数々のご褒美をもらった上に、左官《ひだりかん》という官位まで頂だいする。

もとより無欲な人ですから、あいかわらず酒を飲んで暮らしている。するとある時、江戸表駿河町の三井八郎右衛門のところから番頭の久兵衛というのがやってきて、阿波の運慶が彫った恵比寿に、大黒を合わせて彫ってくれといってくる。値は百両*。いつ出来るかわからない、手付けに三十両をもらい、江戸へ旅立つ。

藤沢の宿にくる頃には、一文なし。誰か呼んだらそこで飲み倒してやろうと思うが、誰も呼んでくれない。すると大黒屋金兵衛という旅籠に呼び止められ、泊る。

百両●一芝居おおよそ三十日で千両役者の給料が八、九十両。庶民の世界では長年勤めて店からもらう元手が江戸では百両。

恵比寿大黒

あいかわらず、朝一升、昼一升、夜一升と毎日酒を飲み、寝てばかりいる。宿の主は、かみさんにたきつけられ、宿の決まりだといって旅籠賃をもらいに上がってくる。甚五郎は*三分三朱に、一朱たして一両にして払うという。ところが金はない。驚いている主に、竹を切らせ、これを細工して、昼三度、夜三度水をさせという。

お人好しの主がいわれた通りにすると、翌日陽がさすと見事な水仙が花開く。これが長州萩の藩主、毛利大膳大夫《もうりだいぜんだいぶ》の目に留まり、百両で売れる。宿場役人から呼び出された時は、暖簾かけの竹に、毛鎗がかかってしかられると思っていたので、宿の主は大喜び。それまでからっけつと呼んでいたのが、大先生になる。

正直な主は、百両を甚五郎の所へ差し出して、あの水仙が百両で売れたことを告げると、「誰が買った」「毛利様が」というと、「それは惜しいことをした。毛利様なら三百両でもよかったのに」といったが、自分はわずかの*路銀《ろぎん》を懐にしただけで、江戸へ向かう。

三分三朱●金一両は四分、一分は四朱に換算。したがって三朱に一朱を足せば一分となり、都合一両となる。

路銀●旅費。安政以前、東海道の上宿の宿賃は二百文というから、一両あれば一月もつ。

飛騨の匠

噺のなかの左甚五郎

◆伏見の甚五郎のもとへ三井家から人が来て恵比寿大黒を注文、江戸へ向かう途中の藤沢宿のくだりが『竹の水仙』。いよいよ江戸へ着いて大工政五郎の家に寄寓。大黒を仕上げて三井の手代を呼ぶ『三井の大黒』。その後江戸滞在期間中に、二代目政五郎を伴い奥州路へ。投宿した旅籠の親子を助ける『ねずみ』。演題にその名が入った『甚五郎の作』はいわゆるバレ噺。

第二十二席●江戸と上方との仕事の違い

三井の大黒《みついのだいこく》

【お噺の面々】棟梁政五郎　お内儀　甚五郎　三井の手代

大黒

*藍染川の帳場に、一人の男がたたずんで、皆の仕事ぶりを見ている。小僧の権次がその男のいっている言葉を聞いて皆にいいつける。「あにい、ちょっとここへ来てみなさい。あそこにいる奴が妙なことをいっている。鼻の頭にほくろの奴が一番下手で、ぞんざいだ。あの鉢からげをした奴は、いじればどうにかなるって」

「なにを、この野郎」と皆で殴っていると、そこへ棟梁が現れ、「何をしてんだ」。

「へい、この野郎があっしのことを仕事が下手で、ぞんざいだっていいやがる。松兄いのことを、少しいじれば、何とかなるといいやがんで、腹ぁ立てて殴った

藍染川の帳場●藍染川は神田紺屋町辺りを流れていた。その近くの普請現場。

鉢からげ

大工

んで」「お前は、仕事はうまいか」「うまいとはいえません」「仕事は丁寧か」「ぞんざいです」「じゃこの人がいう通りだ。まぁいい、今日は少し早いが明日は早出にするといって帰ってこい」

「どうもすまなかった、気の荒い奴ばかりなもので。痛かったでしょ。あたしは大工の政五郎《まさごろう》という者だが、お前さんの仕事は…。西の*番匠《ばんじょう》、てぇと大工だ。そりゃあまずい、同職をけなすといってな、よくない。お前さん、家へ来ないか」「行ってもいいが、お前さん、かみさんに相談をしてからがいい」「なあに職人のことについては口を入れさせねぇ」「偉い、さすが関東の気前、ほめおく」

「ここが家だ」「お内儀《ないぎ》さんですか、御鉢にお目にかかります」「おい、腹がすいてんだろう、手盛りでやってくんな。みんな帰ったか、こっちへ来い。あぁそうだ、お前さんの生まれは」「飛騨の高山」

番匠と大工●佐渡島では大工は金山内の仕事に従事する者で、いわゆる大工は番匠といわれていた。

「高山には、名人とも、我々の方の神様ともいわれる人がいるが、会ったことはないか。甚五郎」「つまらない、ただの目に、何石山の秋の月か」

「名前は。名前を忘れたと。誰かつけてやれ」「ぽん州てのは、どうです」

「いいね」「おい、ぽん州」「あいよ」といった調子で、翌朝昨日の帳場に行く。

「丁稚、わしの道具箱を持て。天子様の轡《くつわ》は関白職でないと取れんぞ」

「兄い、ぽん州に何をやらせます」「板を削れって」

「そうか丁稚、砥石を持て」

これから半日かけて、四丁のかんなを仕上げ、二枚のこぶだらけの板を仕上げると、これを離してみろという。離れない。

ぽん州は帰り、それからは仕事をしない。ある時、大黒を彫ると言い出し、見事に作り上げ、三井へ手紙をやり、自分は湯に入って帰ってくる。

「やあ、お手代さん、久しぶり」「これは甚五郎先生、これは残りの七十両、それにお酒を一樽、肴料に十両」「それで、運慶の作には、何か歌のようなものが」「はい、商いは濡れ手で粟のひとつかみ」

「では、守らせ給え二つ神達。三井の大黒」

かんな
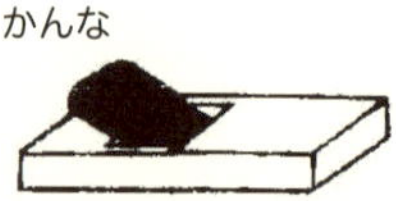

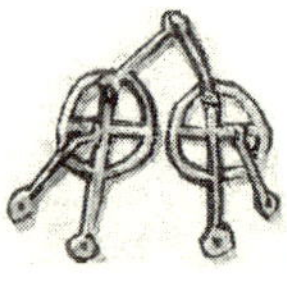
轡

精魂を込める 甚五郎の仕事ぶり

板を削る

◆板を削れといわれた甚五郎は「そうか丁稚、砥石を持て」と命じ、半日かけてかんなを仕上げる。木を仕上げるためには研ぎ澄まされたかんなが要る。そうした道具を整える努力を惜しまなかったのだ。もっとも、火事の多かった江戸で大工仕事にそんな流儀は馴染まなかったろうが。

職人のいろいろ 出職と居職

◆落語国の二大有名人八五郎、熊五郎は職人の典型として描かれているが、八熊のように大工、左官など外へ出て仕事をする職人を出職、家で仕事をする人を居職と呼ぶ。居職には塗師、鋳物師、縫い箔師、蒔絵師、彫物師、金物師、筆師、研ぎ師など多岐にわたる。

居職・建具師

第二十三席●猫と虎とは大違い

ねずみ

【お噺の面々】　甚五郎　二代目政五郎　鼠屋のせがれ　鼠屋主人

甚五郎は二代目政五郎の後見をしながら十年江戸にいる。ある日、「政坊、おれはまだ奥州の方は見てない。松島を見たり、塩釜様に参詣したりしてこよう」「そりゃよいですね」というので旅立つ。

城下町仙台の入口まで来ると、「おじさん今日はお泊りでしょ」と声をかけられる。

「うん、どこかに泊らなければいけないな」「じゃぁ家に泊って下さい」「あぁいいよ」「それからおじさんは布団がいるでしょ」「ああいる」「じゃぁ先に二十文下さい」「はい、いいよ」というので小僧は＊損料屋《そんりょうや》へ走って行き、甚五郎は一人で宿へ。

損料屋●日用の品を賃貸しする店。噺の宿は必需品の布団を借りてすませていたのだ。借り賃が損料。

旅籠

「虎屋の前の鼠屋、ここか。御免なさいよ」「あぁ、せがれが……。裏に小さな流れがあるので、それでおみ足を」「あぁ、さっぱりした。きれいな水だね」「いやぁおじさん、わかった。そいでね、ご飯食べますか」「食べるよ」「じゃぁお銭」「うん、じゃぁな、ここに二分*ある。それで酒を買ってね、残りで寿司をそいってきておくれ」「せがれさんかい、偉いね」「実は、あたしは向かいの虎屋の主人でしたが、ふとしたことで腰がぬけ、鼠の住んでいたこの家に押し込められ、手前とせがれ二人で、宿をやっております」「そうかい、ひとつ客が来るようにしてやろう」

　甚五郎は何を思ったか、鼠を彫り、盥《たらい》に入れ、竹をかぶせて旅立ってしまう。柱に、左甚五郎作鼠、と書かれている。この盥の中を見ると、なるほど鼠が一匹。「あれぇ、鼠が動いた」

二分●一両の半分、銀で三十匁。大工の賃金が日に五匁というから、この場面で二分は気前が良すぎないか。

盥

「なにをいってんだ」とのぞくと、なるほど動く。

「これは大変だぞ。但し書きがある、この鼠を見た方は、土地の方、旅の方、どちらもこの宿へ泊まって下さい、頼みます。こりゃ大変だ、泊らなければいけねぇ。駄目だ、おらのかかぁは、やきもち焼きだ。駄目だぁ、甚五郎様に頼まれたんだから」。これからこの宿は大変な繁昌。これを見ていた虎屋の主は、伊達公お抱えの彫物師、飯田丹下に頼んで、虎を彫ってもらうと鼠はぴくとも動かなくなる。


鼠屋の主は早速手紙を書く。「あたしの腰が立ちました、鼠の腰がぬけました」


若い政五郎とふたぁりで、再び仙台まで来た甚五郎。「変わったことは」と聞くと、向かいの虎屋が、飯田丹下に頼んだ彫り物を二階の手すりの所に飾ってから、鼠は動かなくなったという。

「政坊、お前はどう見る」「私は仕事はまだできませんが、見たところは、それほどの出来とも思えません。目に恨みを含んでいます」

「うむ。こら鼠、私はお前を彫る時、無心になって彫りあげた。お前は何かい、あんな虎が怖いのかい」「えっ、虎、あたしは猫だと思いました」

虎

名工

噺のなかの政五郎と大工

◆政五郎といえば棟梁。ぽん州と称する甚五郎を居候させる大工の親方『三井の大黒』。『大工調べ』の棟梁政五郎は家賃を溜めて大家に道具箱を取り上げられた与太郎のために一肌脱ぐ。店立て《たなだ》(立ち退き)を両端の住人の悪知恵で見事に切り抜ける『三軒長屋』の政五郎は大工でなく鳶頭《とびがしら》だ。

「史実」とされる左甚五郎

◆伝説の人物とされた左甚五郎だが、実在説もある。播州明石に生まれ、幼少時を飛騨高山で送り、十三歳で京に上る。禁裏大工棟梁のもとに入門し、御所や寺社の建築に携わる。その後江戸に出て、幕府の堂営大工棟梁として名を上げたという。

第二十四席●火事が取り持つ親子の縁

火事息子《かじむすこ》

【お噺の面々】質屋の若旦那　頭　旦那　おかみさん番頭

火消、火事頭巾

火事が何よりも好きだ、という江戸っ子はいくらもいたようで、それがこうじて質屋の倅が頭《かしら》のとこに入れてくれと頼みに来る始末。むろん頭は出入りの大店ですから、きつく入れてくれるなと頼まれているから、廻状をまわして他の頭のところにも入れないようにしてある。するとこの息子は、なりたい一心から定火消《じょうびけし》の屋敷に入ってしまう。

江戸という時代には、火消にも三通りあった。そのひとつは、加賀火消のような、大名が抱えている大名火消。その反対に、町内で養っているのが町火消。い*ろは四十八組に十六組、すべてで六十四組。このほか

いろは四十八組●「ん」は本、「へ、ひ、ら」は百千万に変えてある。本所深川は一から十六までの数を組の名にしていた。

纏と火消

に定火消というのがあり、これは旗本を頭に与力六騎がしたがい、同心三十人が加わって、その下に人足がいた。これを臥煙《がえん》と呼び、一般からは虫けらのように嫌われたが、この若旦那は臥煙になってしまった。さあ、家では親類が集まり、＊久離《きゅうり》を切って勘当ということになってしまう。

そうこうしているある年の冬のこと、江戸で一、二というような大きな質屋さんの近所から火が出た。この番頭が、主人にいいつけられて蔵に目塗りをしようというのだが、なにぶん高い所が嫌いときているから、はかがいかない。梯子につかまって旦那が下からほうる土の固まりを顔で受けてしまう。

そこへ全身綺麗に彫り物をした人が二間も間があろうという家並みを飛び越え、蔵の上に。「番頭」と声をかけながら帯をわしづかみにして、これを蔵の折れ釘にかける。

久離を切って●いわば公式な親子縁切り、勘当。町奉行所に届けて受理されると、人別帳からのぞかれ、久離帳に記された。

蔵

「番頭、もう大丈夫だ。両手で土をつかまえろ」手が自由になったので、下から投げてくる土はつかまえられる。

やっとの思いで目塗りは出来上がる。すると風向きが変わり、火も落ちて、火がかりをした町火消なども引き上げていく。

「はいはい、ありがとうございます。お陰様で火は落ちました。おい番頭はどうした」「あっ、番頭さんはまだ蔵にぶら下がっています」

「早くおろせ。ご苦労様、番頭さんも算盤を持っていると立派だが、ああいうことはからきしだめだね」「へい。ところで旦那。あのおりの方にちょっと会って下さい」

「誰だい、まあ」と勝手口へ来ると、竈《かまど》のわきに小さくなっているのは勘当した息子。その後からおっ母さんが出てきて着物をやろうとすると、捨ててしまえという。「そんな頑固なことをいわないで」の言葉に、「捨てれば拾っていく奴がある」。

「じゃあ蔵も地面も捨てます。唐棧《とうざん》の着物も、黒羽二重《くろはぶたえ》の着物も」

「勘当した息子に黒羽二重をくれてどうする」

「火事のおかげで会えたから、火元に礼に行かせます」

黒羽二重

江戸時代の消防 道具と仕組み

◆江戸時代はいわば破壊消防。燃えるものをなくせばその先に飛び火しないので、水をかけながら家を壊す。そのために必要だったのが鳶口《とびぐち》。材木などを引き寄せるのに使う道具だが、火消の大切な道具。

消防の道具

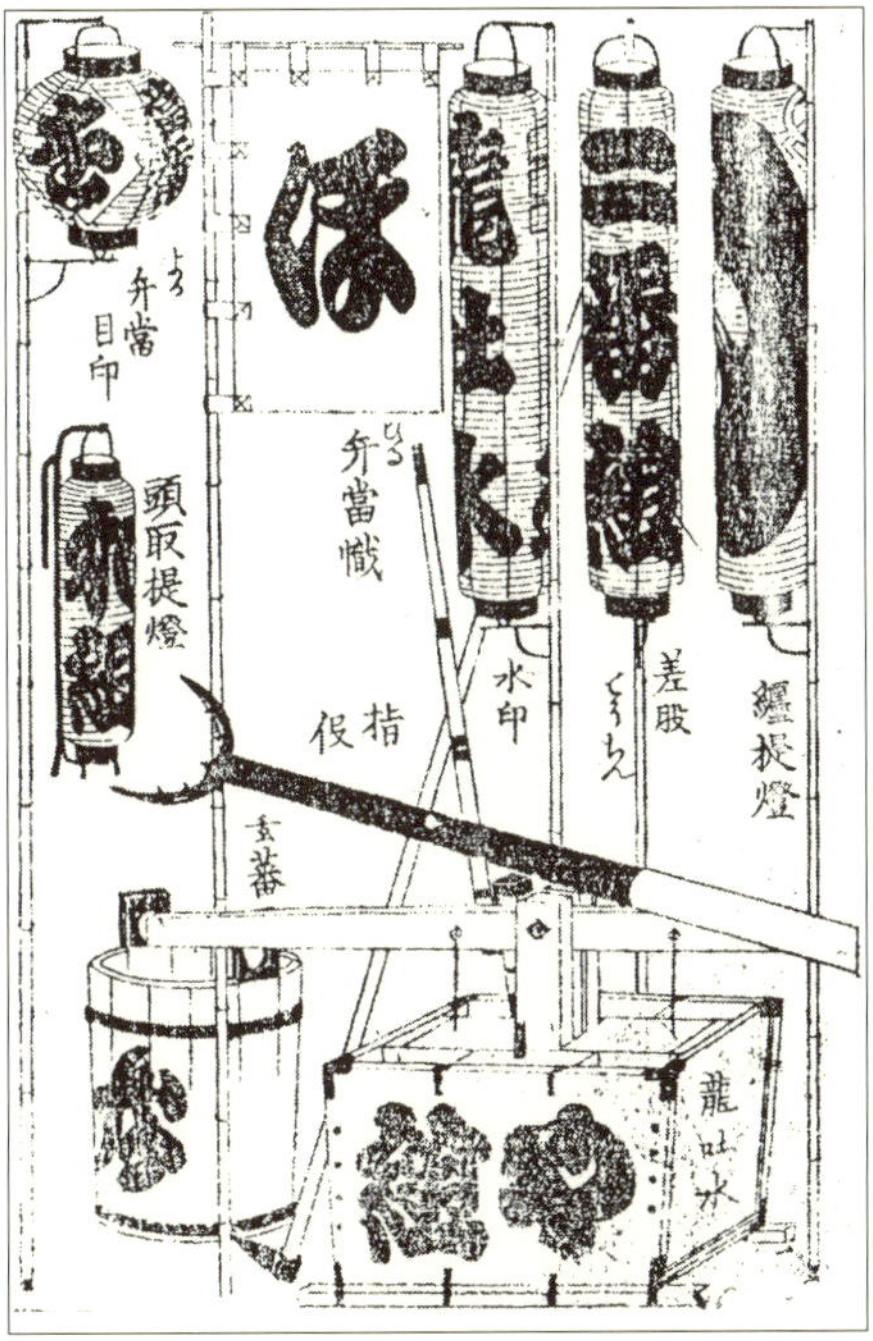

火消の纏と半纏

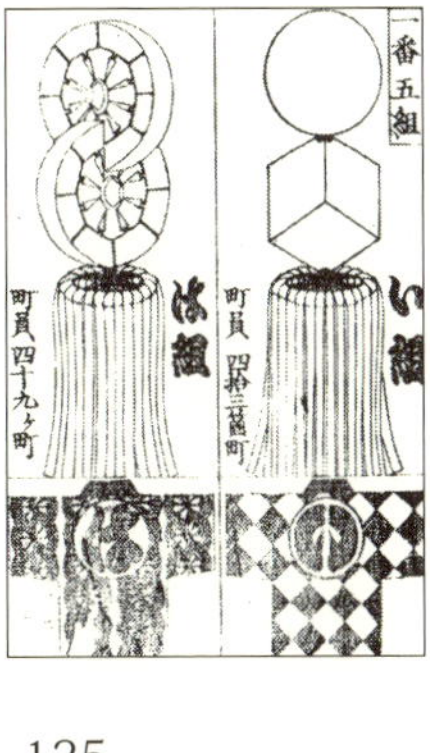

江戸時代の消防 組織のこと

◆江戸時代の火消は官民三系統あった。江戸城や藩邸の近所を消火する大名火消。旗本が拝領屋敷で江戸中定火之番を担当する定火消。最も華やかだったのが町火消。火事息子憧れの、いさみの人たちだ。

第二十五席●夫婦は相身互い

厩火事《うまやかじ》

【お噺の面々】髪結の亭主八公　兄貴　かみさんのお崎　孔子　麹町のさる殿様

思いを試す皿

「なんだ、また兄貴のとこへ行ったのか、すぐなにかあると兄貴のとこへ行くのはよくねぇぞ。飯を食おうと待っているじゃねぇか」「あらそう、あたしと一緒に食べたいかい」「あたりめぇだ」

「あたしは先に片付け物をするから」とかみさんは台所に出て洗い物をする。「そんなとこにはお前の物は何も無い」という髪結《かみゆい》の亭主八公へ「すぐ麹町*の猿になるんだから……」と仕事を続けるかみさんのお崎。

兄さんのところへ駆け込んで、うちの人の本当のところが知りたいのだというお崎に、兄さんは話して聞かせたのだ。

麹町の猿●麹町の「然る」殿様のこと。厳密には麹町は町家地区。番町か平河町あたりの大名屋敷に住まう殿か。紀伊尾張井伊殿のお屋敷も近い。

髪結の亭主

昔、唐土《もろこし》に孔子という偉い学者がいて、たいそう白馬を愛していたんだが、ある時留守中に近所に火事があり、愛馬を焼き殺してしまう。家来の者は常々「この白い馬は余の次に大切な物であるから、大切にしなければならん。もし殺すような事があれば、手打ちにいたす」といわれていたから、恐縮して孔子を出迎えた。「火事があったそうだが、誰も怪我はしなかったか」「実は御愛馬を焼け死にさせました」
「誰も怪我がなかったか、それはよかった」といって、孔子は馬のことは一言もたずねなかったという。
この反対に今度は日本だ。麹町のさる殿様がたいそう焼き物を大事にしていて、壊すと手打ちにするというので、奥様は、この皿は自分だけで扱っていた。ある時お客があり、帰ったので皿をしまおうと奥さんが二階から運んでいる時に、足を滑らして階段を落ちてしまう。このとき殿様は「皿はどうした、皿は、皿は」

孔子

と皿のことばかりを聞いた。

　翌日になると奥様の姿が消え、しばらくして仲人がやってきて、奥様を離縁してくれという。理由は、麁相《そそう》で階段を落ちた時、あなたは皿のことだけを心配して奥様のことを気遣わなかった。そういう薄情な方のところへは置いておけないとなって、奥様は去ってしまった。死ぬまでこの方には来てがなかったという。

「だからお前も亭主の本心を知りたければ、亭主の好きな物を洗うふりをして壊してしまえ」といわれたかみさん。台所の茶箪笥の棚に首を突っ込み、亭主が大切にしている、おれなんかには手にはいらねえ品だと、布でくるんである皿を取り出す。「おい、それをどうするんだ」「洗うんだよ」「そんな物は洗う物じゃあない」「そうやってすぐ麹町になるんだから」といいながら、*台所の床板を少しずらしておき、大事にしている皿を打ちつけて転んでしまう。「おいどうした、怪我をしなかったか」

「ああうれしいよ、お前さんは立派な唐土だよ。そんなにあたしのからだが心配かい」「あたりめえじゃあねえか。お前が怪我をしてみろ、明日から遊んでいて酒が飲めねえ」

台所の床板●取り外しができる、上げ板。床下には漬け物桶や炭などを収納。わざとずらせておけば、足を滑らすにはちょうどいい。

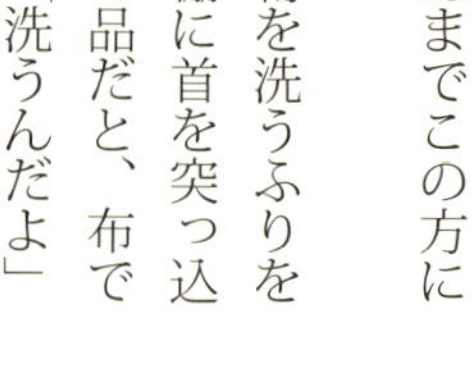
皿

稼ぎの良かった女髪結

廻り髪結

髪結の道具

◆女性はたいがい自分で髪を結ったというが、日々自分で梳いて、出かける時や正月、五節供その他晴れの時には女髪結に頼む者もあり、これはだいたい一回百文。ちなみに男性用髪結床の料金は一梳き二十八文。

麹町あたりの殿様とは

◆幕末の切絵図を見ると、半蔵御門から四ツ谷御門まで、通り沿いに麹町一丁目から十丁目まで続いているが、一帯はいわゆる町家で武家の住まいは北側の番町地区に旗本屋敷が多い。南は平河町には旗本が多いが、大名屋敷がどっと控えている。紀伊、尾張、井伊殿のお屋敷も近いのだが、然る殿様はどの殿様か。

第二章　江戸の遊び

浮き世の憂さを
ひとまず忘れ、
のめり込みたい時もある

【芝居】　蛙茶番
【芸事】　寝床
茶の湯　笠碁
【賭け事】　富久
へっつい幽霊
【色事】　錦の袈裟
幾代餅
【道中】　大山詣り
鰍沢　長者番付
三十石

一日がかりで興じる、芝居見物

●夢の世界を早朝から日暮れまで

芝居小屋に看板が上がると、町々に売られる番付を眺めて、上方から誰それが下ってきたとか、団十郎がこんな役をやるのだなどとうわさをしあい、初日を迎える。江戸ではその日の始めに三番叟《さんばそう》を舞い、そのあとに脇狂言《わききょうげん》を演じる。脇狂言は江戸三座に古くから伝わるお家の狂言のひとつで、中村座は酒呑童子《しゅてんどうじ》、市村座は七福神、森田座の控え河原崎座は二人猩々《ににんしょうじょう》。

■芝居の賑わいが伝わってくる、劇場表側景色（戯場訓蒙図彙）。中央にあるのが座の象徴といえる櫓で、正面には必ず座元の紋を付ける。銀杏が見えるのでこれは中村座。

こうしたものを朝早く、役者の子供や茶屋の子供などが演じる。いよいよ幕が開いて時代物、世話物と一日に二つの出し物を演じるのがおおよその流れだ。終いまで通しで見るとなれば、それこそ一日がかりで、費用も馬鹿にならない。

●好きが高じて茶番を催す

茶番と呼ばれる素人芝居も盛んで大店の番頭さんらが音頭をとり、店のものや出入りの職人衆、あるいは近所の人たちに声をかけ、しっかり練習をして本番に臨む。『蛙茶番《かわずちゃばん》』はその催しの準備から本番までの様子を描いた芝居噺。呉服屋の隠居の祝いに忠臣蔵の九段目をやる『九段目』も茶番の芝居噺。お店の小僧や若旦那には芝居狂いが大勢いたと見えて『四段目』、『七段目』を演じる名作も生まれた。

第二十六席●緋縮緬の大幅で落ちを取る

蛙茶番《かわずちゃばん》

【お噺の面々】旦那　番頭さん　定吉　建具屋の半公　小間物屋のみいちゃん

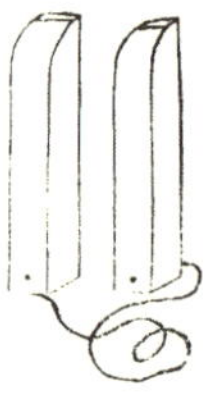
拍子木

「番頭さん、御客様がお待ちかねだ」「それがですね旦那、伊勢屋の若旦那が来ないんで」「役はなんだい」「天竺徳兵衛《てんじくとくべえ》の蛙」「蝦蟇《がま》かい、それや来ないよ。役もめだ、誰か代わりを」「おい定吉、お小遣いをやるから蛙になれ」「お小遣いをくれるんならやります」「おや、もう一人来てないよ、舞台番*の建具屋の半公か。お役者を使っちゃ申し訳ないが、定や、呼んできておくれ」

「行ってきてくれたか」「駄目だってそういってます、舞台番なんかやれるかって」「ふん、ふん、じゃぁな、持ち上げて連れてきな」「半公なんか持ち上がりませ

天竺徳兵衛の蛙

舞台番●常に舞台の脇に控えていて、狂言の最中に起こるもめ事などを防ぐ役。もちろん華はない。

役者気取り

ん」「いやそうじゃぁない、これこれこうと……」
「わかりました」
「半ちゃん」「また来たな、行かねぇといったら行かねぇんだ」「あのね、今そこで*小間物屋のみいちゃんに会ったらね、半さんは何をやるてぇから、舞台番だっていったら、さすが半さんだわ、妙に白粉をつけて素人が芝居するのは気持ち悪いけど、さすが半さんならさぞいなせな舞台番になるだろう、その半さんを見たいから行くわって。みいちゃんが先行って待ってるんだぞ、おい」「よし行く、そう聞いちゃ行くよ」「来て下さいよ」「どうした」「来るってぇました」「そうか持ち上がったな。遅いねぇ、まだ来ないよ、もう一度呼びに行ってきな」
「あれ、家にはいないよ。隣のおばさん、半さんは。湯屋へ行ったようだ、しょうがねぇな」

小間物屋のみいちゃん●紅、白粉、笄簪櫛に紙入れや煙草入れなどの袋物類煙管などを売るのが小間物屋。みいちゃんは看板娘。

いなせ

「番頭さん、半さんが来てますか」「あそこにいるよ、こっちから六番目」「汚ねぇけつだね。半さん、早く」「今行くよ、よく磨いて、緋縮緬《ひぢりめん》の大幅をふんどしにしてと……」「何しろ幕が開かないから早く」「わかったよ」

急がされたので、半公は慌ててくだんのふんどしをつけるのを忘れて御店に行きかける。途中で会った旦那に、半ちゃんと呼び止められ、「御店の芝居を見に行くんですか、ありがたいねぇ」「ほう、半ちゃんも役者で出るのかい」「素人はこれだから困る、舞台番ですよ」「何か趣向があるんだね」「見て下さい、これですよ」と着物をまくるとその物がぶら下がっている。「あっしの趣向はこれで」「今日は芝居見は止めておこう」

やっと御店についたら、舞台は進んでいて、もう天竺徳兵衛の舞台。そこへ半公がしゃしゃり出て、辺りを見回したが、みいちゃんの姿はない。それでもせっかくの趣向を見せびらかそうと、くるっと尻をまくって「おい、静かにしなくちゃぁいけねぇ、騒ぐんじゃねぇ」

「おい誰だい。舞台番が一人で騒いでいる。おや、とんでもない趣向だ、見て御覧、実物を出している」

「これ定吉、出るのだよ」「駄目です、あそこで青大将がにらんでいます」

青大将

ふんどし

芝居小屋の賑わい

江戸の芝居町ご案内

◆天保十二（一八四一）年大晦日に三座とも浅草へ移る。場所は観音様の斜め後ろで小出信濃守下屋敷の跡地。江戸芝居の元祖である猿若勘三郎の由緒により猿若町と呼ばれるようになるが、この町の一丁目に中村座、二丁目市村座、三丁目に森田座が移された。

そもそも茶番の本来は

◆大芝居の大入りに役者が楽屋の三階に酒肴を持ち寄って狂言にちなむ滑稽《こっけい》を演じて祝宴を張ったのがそもそも。劇場用の鬘《かつら》や衣装を着け、化粧などもしてそっくり真似るのが「立ち茶番」。「口上茶番」というのは、座って色々な物を出して、その物を種に滑稽、洒落をいう。

役で揉めるお店芝居

噺の世界では傍迷惑な習い事

●遊芸は高嶺の花

『商売往来絵字引』（上図）によると、商家に生まれたら子供のうちから師匠について算盤を習い覚え、家業の用を便ずるが第一と説く。そして、歌、連歌、俳諧、立花、蹴鞠《けまり》、茶之湯、謡、舞、鼓、太鼓、笛、琵琶琴、能、香道といった遊芸は家業に余力のある者が嗜むものだと。『茶の湯』のご隠居は資格

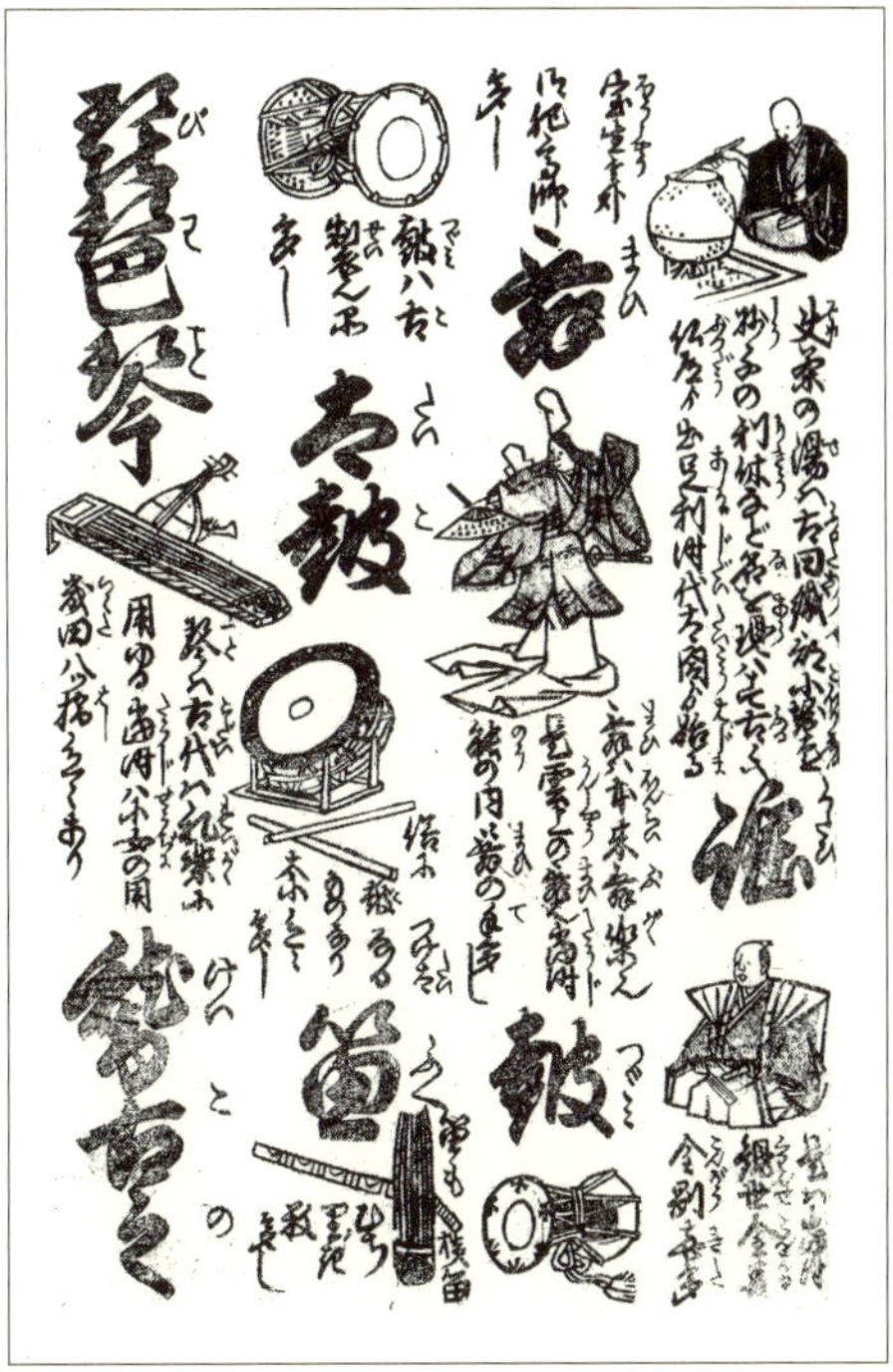

■『商売往来絵字引』の終わりに出てくる遊芸のくだり。この絵字引は、商人の子供たちが読み書きを習うために書かれた往来物という教科書の一種。歌、連歌、俳諧、立花、蹴鞠、茶之湯、こういったものは家業に余力のある者が嗜むべしといっている。

だけはありそうだが独学がすぎて大惨事を招く。

●芸は身を助ける

将軍家や大名屋敷で流行るものを身につければ、仕えたい娘たちの武器になる。殊に琴三弦の素養は必須。極めて武家奉公が叶えば、やがては良縁にも恵まれるだろうと、母親は娘をけしかけたようだ。

●芸は隣人を萎えさせる？

三味線や浄瑠璃などの音曲《おんぎょく》を手ほどきするのが町師匠。『汲みたて』や『猫忠』をはじめ、噺には横町の女師匠目当てに、せっせと通う木偶《でく》の坊がしばしば登場する。『寝床』の旦那には邪《よこしま》な了見はなさそうだが、芸の習得に問題があった。

見台

第二十七席●定吉の涙のわけは

寝床《ねどこ》

【お噺の面々】 義太夫に凝る旦那　繁吉　長屋の住人　小僧の定吉

義太夫《ぎだゆう》*に凝った旦那がいる。この人が何の因果か人に自分の義太夫を聞かせたがる。

これは傍《はた》迷惑で、地所を借りたり家を借りたりしている人の所へ店の者が回ったが、誰も来ない。来ないはずで、この人の義太夫というものは発熱をさせるくらいものすごいうなり声。自分の最愛の妻さえ義太夫の時は里に帰ってしまというのだから、この旦那の義太夫を聞こうなんていう勇気のあるものは一人もいない。店の者だって悪い所を探して、病気だといって聞かない。

貸家などを回って来た人が、旦那にあれこれ報告を

義太夫●幕末に江戸で流行っていたのは常磐津、冨本、清元をはじめ新内、一中節、河東節、義太夫節。これらの総称を浄瑠璃という。

傍迷惑な義太夫旦那

する。提灯屋は開店があるから夜なべをしなければならない、仕立屋は婚礼の仕事でこられない、金物屋は無尽の初回があるので今日は、小間物屋はかみさんが産気づいているという。豆腐屋は年会があって雁もどきと生揚げを八百五十（はっそくごじゅう）頼まれ、鳶頭は講中《*こうじゅう》のもめ事で成田へ発つという。

「じゃあ誰が来るんだ」「誰も来ない」「じゃあ店の者だけに聞かそう」ということになると、番頭は疝気《*せんき》、松どんは差し、弥之どんは眼病、一回りまわって来た繁吉本人に向かって、旦那が聞く。

「お前もどこか悪いんじゃあないか」「いえあたしは因果とどこも悪くない」と申し上げると、お前を相手に語るというので泣き出してしまう。

ついに腹を立てた旦那は、貸家の者には店立《*たなだて》て、地所を貸している物には地立て、店の者には暇を出すという騒ぎ。

講中●一緒に参詣する仲間。伊勢講は伊勢詣り。鳶頭は成田不動へ。

疝気・差し●疝気は下腹部の痛む病気。尿道炎や睾丸炎など。激痛。差しは差込。胸腹部が激しく痛む胃痙攣など。

店立て●家主が借家人をその店、つまり貸家から追い立てること。店子はつらい。

これではというので貸家の人達も土地を借りている人達も、恐ろしい義太夫の声を聞きに集まってくる。

さあ旦那は漆塗の見台につかまってうなり出す。肩衣《かたぎぬ》が出来てこないというので、御簾《みす》を降ろしての御簾内で語っている。集まった連中は、御簾一枚でも助かるとばかり、呑める奴は呑み食いに夢中。ちったあ誉めろというので、「うまいぞ、照り焼き」なんて叫ぶ奴がいる。甘党はそれなりに菓子を頬張り、旦那が汗だらけになって語っている義太夫なぞに誰も耳を貸さない。腹の皮が張れば目の皮が垂れるでそのうち皆寝てしまう。

夢中で語っていた旦那も前が静かなのに気がつき、御簾をあげて見ると、皆ごろごろと寝ている。怒った旦那は、「うちは宿屋じゃない。帰ってくれ。番頭、お前が居眠りをしてどうする。皆にお茶でもさして回るのがお前の役目だろう」とかんかん。

ところが小僧の定吉が一人だけ起きていてしくしく泣いている。旦那が、どこが悲しかったと聞くと、義太夫を語っていた床を指して「あそこはあたしの寝床です」。

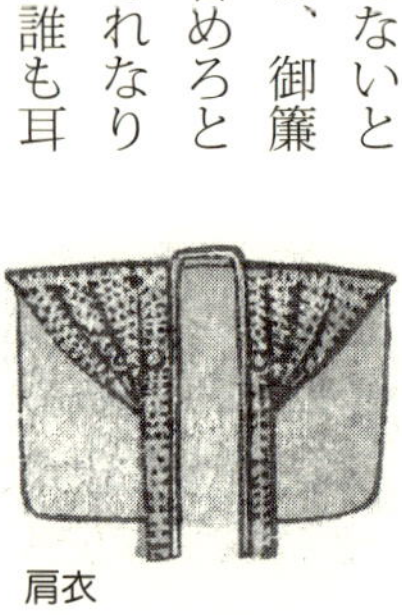
肩衣

御簾

傍迷惑な義太夫語り

義太夫語り

◆義太夫節は竹本義太夫を祖とする浄瑠璃のひとつ。後に義太夫の門人豊竹若太夫が流派を作り、竹本、豊竹の二派が主流となる。江戸京坂の三都で大いに流行り、罪作りな門弟も出てくる次第。

立場が弱い借家人

泣き寝入りの豆腐屋さん

◆江戸時代は店子になる際の店請証文《たなうけ》に、いつ何時でも家主の都合により明け渡す旨が明記してある。法的に店子ははなはだ不利。「大家といえば親も同然、店子といえば子も同然」の貸借関係は、この噺のような事態も招く。

第二十八席●茶の湯は菓子を投げる

茶の湯《ちゃのゆ》

【お噺の面々】ご隠居　小僧の定吉　頭　豆腐屋　手習いの師匠　お百姓

茶の湯

賑やかな蔵前*から、お気に入りの小僧の定吉を連れて根岸に隠居したお年寄り。

「定や、そう出てばかりいては用がたりなくて困る」

「ご隠居さん、お隣の娘さんは自分の爪だけじゃたりないとみえて、爪をつけてお琴をひっかいてますよ」

「琴は弾じるというのだ」

「お向こうの娘さんは花を活けてる。そうかと思うと御盆に石をのせて、砂をまいて羽でかき回したりしてます。うーん、皆風流だなぁ、ご隠居さんも、煙草ばかり呑んでいなで何かおやんなさいよ」

「うーん、やりたいことはあるんだが子供の時に習っ

蔵前●両国橋の上流、浅草側に広大な「御米蔵」があり、御蔵米（年貢）が納められた。その前の地が蔵前。

御盆に石をのせる「盆石」

茶の湯

たんで、忘れた」

「へんだな、おとっつぁんが子供の時に覚えたことは忘れないっていっていた」

「子供も子供、かたかたの手で母の乳を握り、かたかたの手で習ったのだから忘れた」

「ずいぶん子供の時だな、何です」「茶の湯だ」

「お菓子が食べられますね」というのでお囲いに入り、まず茶碗を取り出したが、さあ何を使うかわからない。定吉があれだと買って来たのが*青黄粉《あおぎなこ》。湯をたぎらせてやってみたが泡が立たない。また定吉が泡の立つ薬だと買って来たのが椋《むく》の皮。これをかまわず茶釜に入れると泡だらけ、泡を吹いて口にすると飲めた物ではない。

　そのうち二人とも下痢をしだす。定吉はかなわないので、隠居所についている三軒の長屋に手紙を出させ、茶の湯の招待。

青黄粉・椋の皮●青黄粉は青大豆で作る黄粉。椋の皮は無患子の果皮で、石鹸の代用にもなった。定吉は賢い。

茶釜

さぁ、呼ばれた方は大騒ぎ。豆腐屋と頭は早速引っ越そうとしたが、奥の手習いの師匠が飲みようくらいは知っているというので出かけたが、飲めるわけの物ではない。誰でも彼でもつかまえて茶の湯をやるからこいと誘うが、茶を飲むより、菓子を食べにいくようなもの。そこは細かい隠居さん、芋を買い、これをふかしてすり鉢で当り、砂糖を入れて猪口《ちょく》で抜いたが、粘っているから抜けない。灯し油を塗って作ったのでよい光りを出す。名付けて、利休まんじゅう。

ある時、蔵前の頃からの知り合いが訪ねてくる。

「ご隠居さん、茶の湯をなさっているそうで。あたしは何も存じません、せめて飲みようだけでも、どなたかに教わりたい」ときたので隠居は大喜び。四季折々の飲み様はあるが、初めは勝手にお飲みなさいといわれ、飲んだが吐き出しそうになる。

口直しと思って菓子に手を出したが食べられるものではない。口に入れたまま、もがもがいいながら、「一寸おしもを拝借」と席を立ち、手洗いに飛び込んで吐き出して、さあどこか捨てる場所は、と見ると裏は広い畑。ぽいと捨てると、お百姓さんが、「また茶の湯か」。

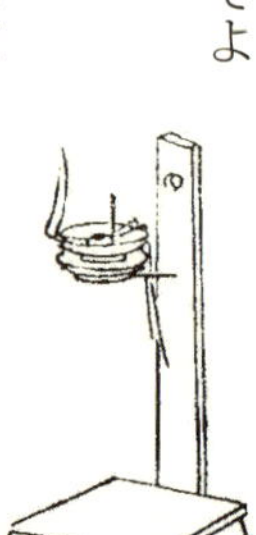

灯し油の本来の用途

隠居所のある根岸とは

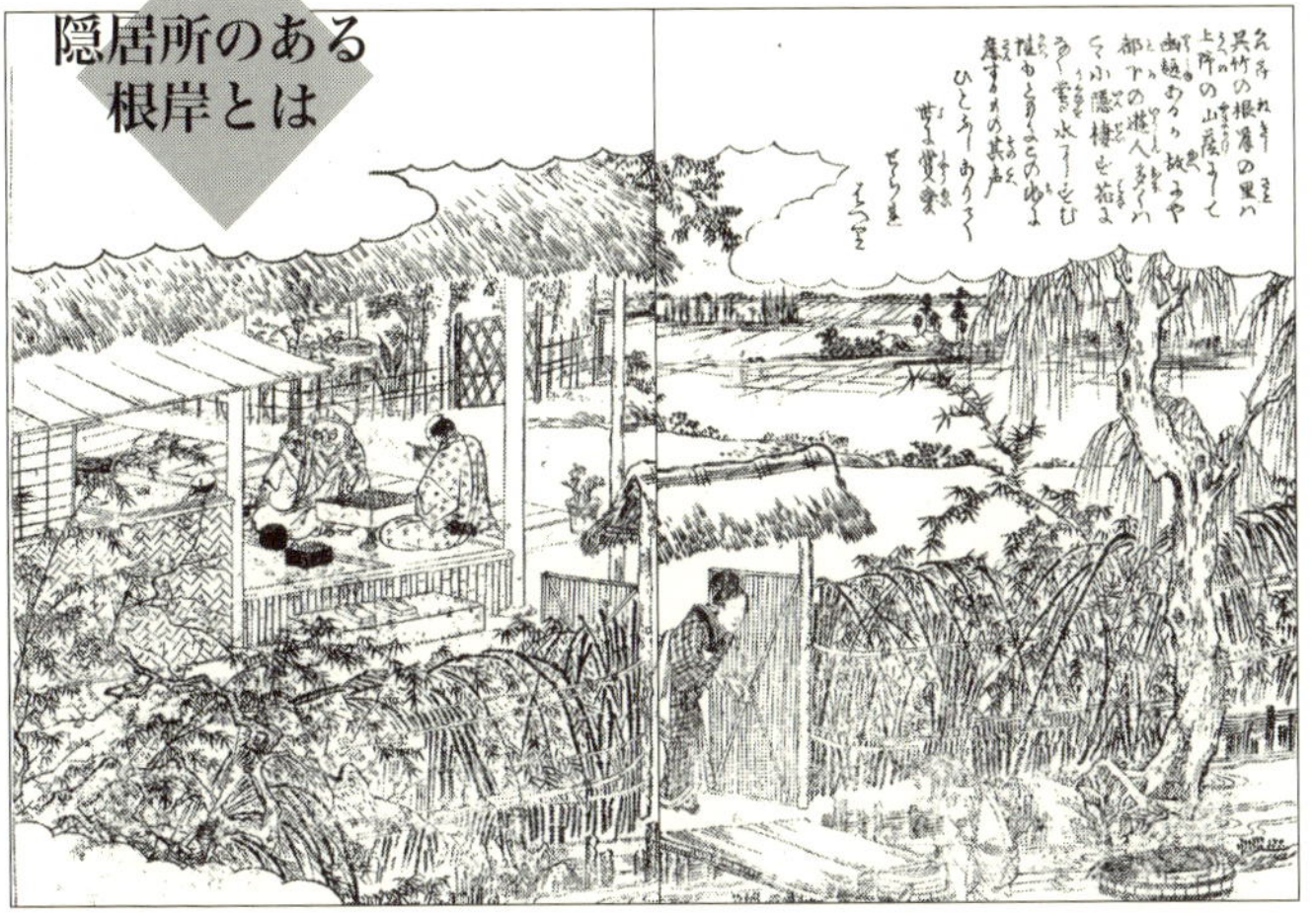

根岸の里

◆『江戸名所図会』に、呉竹の根岸の里は上野の山蔭にして幽趣あるが故にや都下の遊人多くはここに隠棲す云々とある。日本橋あたりの大店の寮や別荘もあり、茶の湯に耽るご隠居は実在していたろう。

風流の極み 茶の湯

◆『貞丈雑記《ていじょうざつき》』に、数寄屋と呼んであばら屋風を好み、欠け茶碗の汚れたのをありがたがり、種々の古道具を喜ぶとは笑うべし云々とある。風流もご隠居の風流もどきも、ときに酷評に晒される。

茶の湯

第二十九席●碁がたきは憎さも憎し懐かしし

笠碁《かさご》

【お噺の面々】碁敵の二人

「昨日浅草からの帰りに根岸の先生のところに寄りまして一番やったんですが、先生不思議そうな顔をして、あなたは近頃碁をやらないんですかって。日に三十番はやっています」「あなたは待ったをしますね、待ったをしては碁は上達しません。今日は待ったなしでやろうと思いますが、どうでしょう」「いいですねぇ、あたしもね、待ったが少し多過ぎる。時によると待ったを打っているようで。けっこうです待ったなしでやりましょう」と始めたが、早速待ったが始まった。

「あぁ、これちょっと上げてみて下さい」「待ったですか」「待ったというほどのものじゃないんですが、

待ったはなしで……

ちょいとこの石を上げてみて下さい」「待ったなしと決めたんだから、これ一番は待ったなしでやりましょう」
「どうしても待てませんか、ですからこの一番だけ、待てませんか」「待てません」「そうですか、そういわれると私もいいたくないことをいわなければいけなくなる」「うかがいましょう」
「あなた、三年前の暮れの二十七日、夕暮れ時になっていらっしゃって、どうしてもこれこれの金がいる、貸してくれというから、困った時は御互い様、ご用立てしてしまいました。二十日正月*に返すということだったが、その日にいらっしゃって、二月まで待ってくれといわれて、私は待てないといいましたか。それに比べればこの石ぐらい」「いやそんな話をされて、なお待てません。待てない、あたしはいま忙しいんだ、こんなことをやってられない、帰って下さい」

二十日正月●正月二十日。京都では二十日団子ともいい、各家で小豆の団子を食べた。この日、女性は鏡台に飾った餅を祝うともいわれている。

忙しいのはこっちだって同じ、帰れー、帰るとも、二度と来るなー、誰が来ると、大どこのよい年配の二人が喧嘩をしてしまう。二、三日は気も紛れますが、雨が三日も降ると、退屈なんか通り越してます。

「おい、おまえちょっと行って来る、あいつんとこへ煙草入れを忘れたから」「およしなさいよ」「おい、この笠借りるよ」「ああそれは困ります、買物に行くのにいるから」「それじゃぁやらずぶったくりじゃないか。あっ、いい物がある、お山に行った時の笠をかぶってこう」

雨の中、被り笠で出かけていく。

「あいつは強情だからな、でも来そうな気がするから茶の用意をして、碁盤をここへ持ってきておきなさい。おい、出てきた出てきた。変な格好をしているよ、笠をかぶって、首を振って」

「おいへぼ」と一声かけると、「へぼとは何だ」「へぼかへぼでないか一番来るか」となって、さっそく始まる。

「いやぁこないだはあたしが悪い、待ったをやりましょう。あれ番頭さん屋根屋を呼んで下さい、雨もりがする、でもここだけだ。なんだあんた、まだ笠をかぶっている」

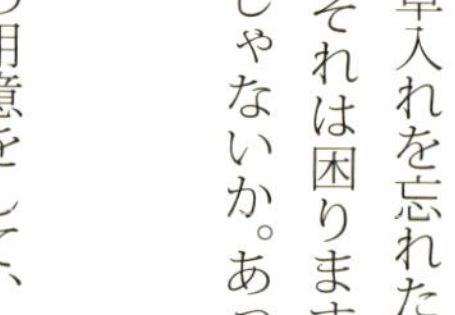

煙草入れと煙草盆

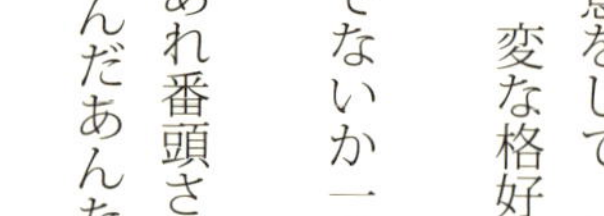

被り笠

日除けの笠　雨除けの傘

◆「かさ」には差し傘と被り笠があるが、噺のなかで買い物用とお山用が出てくる笠は日除けとして欠かせないものだった。幕末の記録には出商人や旅人の被った様々な笠が見受けられる。

雨除けの番傘

囲碁将棋は湯屋の二階で

◆江戸の湯屋は二階にも客を上げる。梯子を上がった脇に炉が切ってあり、いつも釜に湯が沸いていて、客があるたびに漉し茶を一碗ずつ出す。茶代は八文ばかり。囲碁や活け花の稽古なども催される。

湯屋の二階で

濡れ手で粟をもくろむ輩は

●千両も夢ではなかった富興行

「富突《とみつき》」と呼ばれた富興行は特定の寺社に許可され、年四回から毎月開催というところもあった。発行枚数は一回の興行で数千から多くて二、三万枚。「宝くじ」より当たる確率は高いが、一枚金一分（四分の一両）、あるいはその半値の金二朱と高額。一人で買うにはかなりの勇気が要る。

金欠に喘ぐ幇間《ほうかん》の久蔵《きゅうぞう》が一大決心をして札を買う『富久』。富に当たった水屋が、しまい場所に困って難儀する

■富興行が盛んに催された湯島天神社（木曽路名所図会）。富興行の管轄は寺社奉行で、特定の寺社に許可された。湯島の他、目黒不動、谷中感応寺、本所回向院などで行われた。

『水屋の富』。『宿屋の富』は、ほら話をしたせいで、なけなしの一分をはたいて札を買わされる泊まり客の噺。こうした富をめぐる悲喜こもごもは皆千両富だが、実際には百両、二百両が多かったようだ。

●賽子の目に熱くなる危ない遊び

博打と言えば賽子《さいころ》。京坂は賽を手に握り、投げ上げて勝負する。江戸では碗に入れて席上に伏せてやる。『へっつい幽霊』の幽霊が「へっつい」の買い手に挑んだのが、出目の奇数偶数を当てる「丁半」。賽一つを使って出目を当てるのが「チョボ一」で、『狸賽《たぬさい》』に出てくる。賽子に化けた狸で出目を操ろうとしてほころびが生じるオチは秀逸。いずれにしても噺のなかの博打は、それこそ笑って済むような局面ばかりで事件性はないようだ。

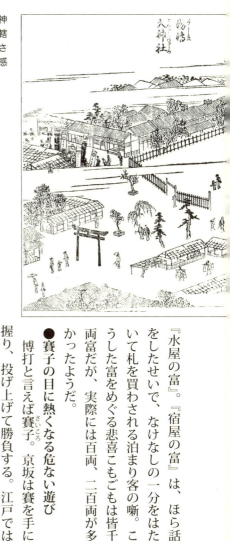

第三十席●太鼓持ちが酒でしくじり、一念発起

富久《とみきゅう》

【お噺の面々】 幇間の久蔵　富札売り六兵衛　芝の旦那　鳶頭　糊屋の婆さん

富の札

酒のせいで贔屓《ひいき》の旦那を失い、途方に暮れていた幇間の久蔵。隠居仕事に富の札を売っている六兵衛に出くわした。なけなしの一分*で一枚残った札を買い、ねぐらに帰って大神宮《だいじんぐう》様の神棚の中に札をしまうと、酒を飲んで寝てしまった。夜中に半鐘が鳴る。

「おい、源さん、早いね、火事はどっちの方角だい」

「芝見当だ」「おう、ここにいる久蔵はよく俺たちに、芝の旦那をしくじらなきゃ、こんなとこにくすぶっちゃいねえって、そういっているぜ、起してやれ」

「久さん火事だ、芝見当だぜ。こういう時に駆け付けると詫びがかなうものだ、行ってみろ」「ありがとう

一分●仲之町芸者一組二人で一席金一分。一分あれば八百善で会席が食べられたというから、一枚買うにも度胸が要った。

燗がついている

ございます」

ほい、ほいと芝まで駆け付け「お騒々しいこって」と顔を出すと、「久蔵か、気にかけてくれればこそ来てくれた。今までのことは許す、出入りをかなえるぞ」。「何かお手伝いを」と、見当はずれに張り切る久蔵。「火が湿った、そりゃぁよかった。久蔵、お前は皆さんの顔を知っているから、見舞に来てくれた方を帳面につけてくれ」「あぁ、高田屋さん、おや、石町《こくちょう》のお方。さすが場所がらだね、おでんを総ざらいにして、串に刺して。旦那、ここにお酒が二本、一本は燗がつけてあります」「そうか、そっちへやっておきな」

「はい、上総屋さん、ええ、お出入りができるようになったんで。旦那、ここに酒が」「だからそっちへやっておきな」「燗がついているんです。あたしは浅草からここまで駆けて来て、のどが渇いて」「お前は酒でしくじったんだよ、一盃だけにしておきな」

「ぐび、ぐび。いい酒ですね、鳶頭《かしら》、やりませんか」「やらない」「あたし一人が飲んでるようで……」そのうちに久蔵は寝てしまう。「おいまたぶつかっているよ、誰か上がって見てくれ」「浅草見当だ、おい久蔵は浅草だといっていた、起してやれ。久蔵、もし焼けていたら、外に行くな、家に帰ってこい」行ってきます、と浅草へとって返すと、「家はねえぜ。焼けちゃったよ。糊屋の婆さんとこから火が出て」「じゃんじゃん、ぼーっ」「なに、焼けた。よし家にいな」てんで久蔵は旦那のところへ居候。

ある日、人形町あたりをぶらぶらしていると、人が大勢どこかへ行く。「皆さんどこへ」「杉の森稲荷の富だ」「あっそうだ」と行ってみるとざわざわざわざわ。「本日の*突き止め、鶴の千五百番」一番富にあたっていた。札と引き替えだといわれ、すごすごもと居た所へ来てみると「おい久蔵じゃねぇか」と鳶頭に呼び止められる。「お前なんか不信心だから、大神宮様なぞは」「あるよ」「あるー」「大神宮様、ほら」「あった、鳶頭すいませんでした」「なに、富にあたった。そりゃぁよかった、この暮れはいいな」「はい、大神宮様のお陰で、近所のお払いができます」

糊屋の婆さん

突き止め●当たりくじは箱に入れた桐の札を錐で突いて決まる。その日最後の一突きが千両の大当たり。

大神宮様

富興行と富くじの値段

◆文化文政期に盛んに行われた富興行。神社仏閣の再建などの費用を捻出するために役所に願い出て行うもので谷中感応寺、目黒不動、湯島天神を始め月に二十四、五回もあったという。富を行う町の各所に富札店があり、一枚金一分ほど。割札といって一枚の札を二人あるいは四人と分けて売ったりもする。

桐札を入れる六方箱

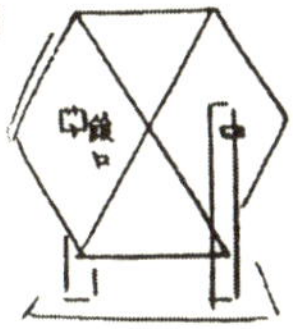

売られる富札

抽選用の桐札

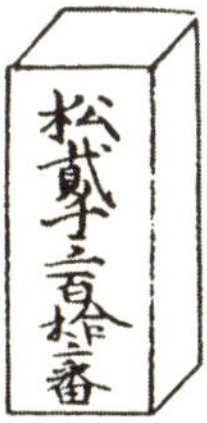

浅草と芝を行ったり来たり

◆久蔵の長屋は浅草で、しくじった旦那のお店は芝。長屋を発って蔵前、浅草橋、日本橋、銀座、新橋、芝と距離にして二里、七、八キロある。芝から引き返すときには酒も入っているうえに、落胆してまた芝へ戻るのは重労働だ。

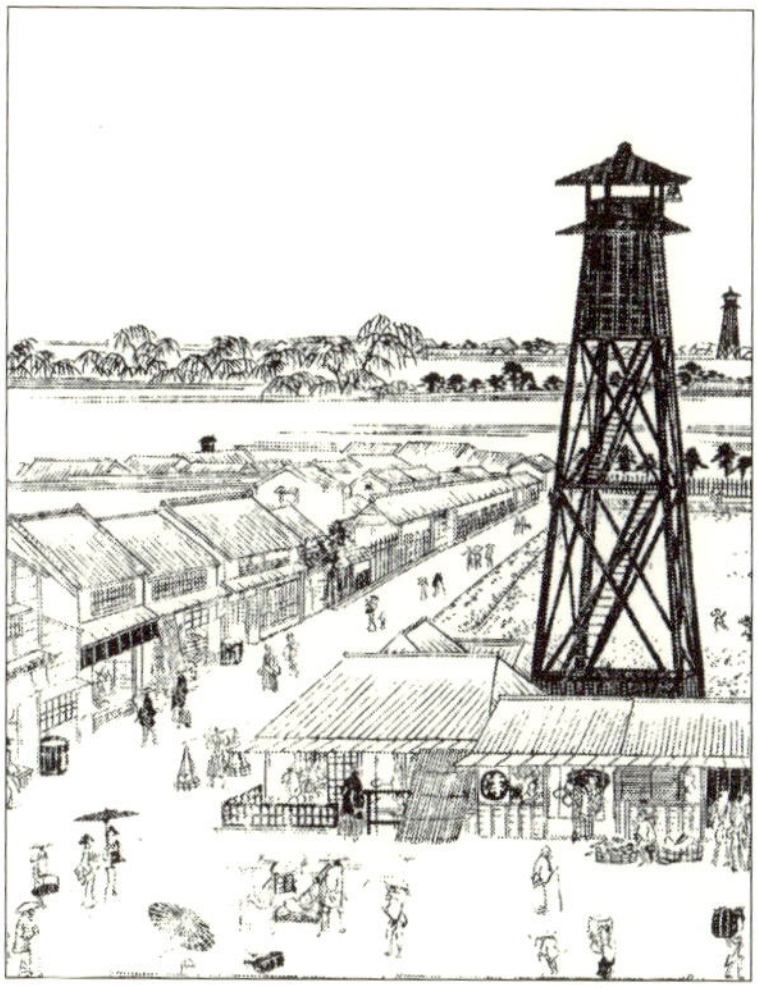

馬喰町火見櫓

第三十一席●賭け事は勝つ時は勝ちまくる

へっつい幽霊《へっついゆうれい》

【お噺の面々】博打好きな八つぁん　道具屋　元左官の幽霊

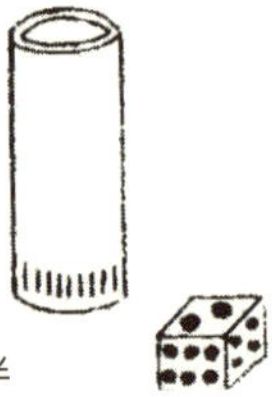

丁と張れば半

「こううまくいくとは思わなかった、丁と張れば丁と出る、半といけば半が出る。これだけまとまった銭だ、何かに変えておこう。そうだ、へっついを一つ買おうかな」と上機嫌な男。

「道具屋、こりゃあできじゃぁねえな。値と相談だ、いくらで売る」「そりゃあいけません」「なんだい、売り物じゃねえのか」

「こういうものですから売れるんですがね、買うとその日か次の日になると返されるんで。何故返すのか、訳を聞いても勘弁してくれって、訳が分からないんです。どうです、よかったら差し上げましょう。ただし

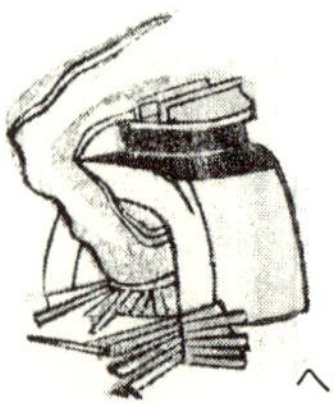

へっつい

娑婆にいたときは左官

返されちゃ困りますよ」「大丈夫だよ。どうもついている時というのはこういくもんかな、明日茶箪笥でも買うと、銭をつけてくれるぜきっと」

「おうおう、ありがとう、そこへ置いてってくれ。これは少ないが駄賃だ、まぁいいから取っといてくれ、その代り古いのを持ってってくれ」

　こうしてへっついを手に入れた八つぁん。湯に入って酒をちびりちびりやっているうちに寝てしまう。

「うー寒い、うたた寝をしちゃった。なんだい、台所の方が変に明るいな、へっついの方だ。幽霊でも出やがんのかな」

「うらめしい」「なにを、おれはお前に恨まれる筋合いはねえ」「へい、これは幽霊の枕詞でして」「何だって幽霊が出てくるんだ」「親方は強いんですねえ。今までも出たんですがね、たいがいは青い火を見ただけで返しにいっちゃうんです。親方のように強い方なら大丈夫。親方ねえ、頼みがあるんですよ」

「なんでぇ」「あっしは娑婆にいた時は表向きは左官でしてね。実は博打が好きで、ある時百いくらかという金が手に入りましてね。それから*百両はへっついをこしらえてそれに塗り込め、あとは飲んだりしていると、あたる時は怖いもので、ふぐにあたってころり。地獄の沙汰も何とかで、金を出してもらおうと出ると皆気を失ってしまう、親方の強いところで出していただけないでしょうか」

「俺だって高い銭出して買ったんだ、それを壊すんだからいくらくれる」

「だめですよ、知ってますよ、ただもらったんじゃありませんか」

「ただだって今は俺のものだ。壊し賃でいくら出す」「しょうがありません五十両、五十両と山分けしましょう」「よし」てんで、なるほど百両の金が出てくる。「おう、これがお前のだ、持って行きねえ」「五十両ねえ。百両とまとまればなんとかなるが、どうです親方、賭けをしませんか」

「おういいだろう」と賭けると幽霊の負け。

もう一度してくれと頼まれて、「もう銭はねえじゃねぇか」「いや幽霊ですから足は出しません」。

百両●茶船（荷揚げ用の船）建造費が百両から百二十両。千両役者の月の給料が八、九十両。幽霊になっても諦め切れない額ではある。

左官

へっついと左官屋さん

◆へっついとは竈《かまど》のこと。口の開いた所から薪を入れ、上部に鍋や釜を置いて煮炊きをする台所の重要な道具。新年を迎える前に商家などでは出入りの左官屋が竈を塗り替えた。博打の上がりを塗り込めるなど左官にとっては朝飯前なのだ。

へっつい

賽の目に一喜一憂 丁半、ちょぼ一

◆博打は江戸時代でも厳禁で、犯せば遠島（島流し）だが、刑に問われる者が後を絶たなかったようだ。噺の博打は賽子二個か三個で行う丁半。賽の出た目の偶数（丁）と奇数（半）を当てて勝負する。ちょぼ一という基本的には賽一個を使い、出る目を当てる博打もある。

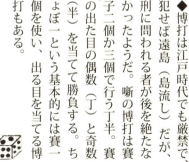

おとなの遊び、色里の人間模様

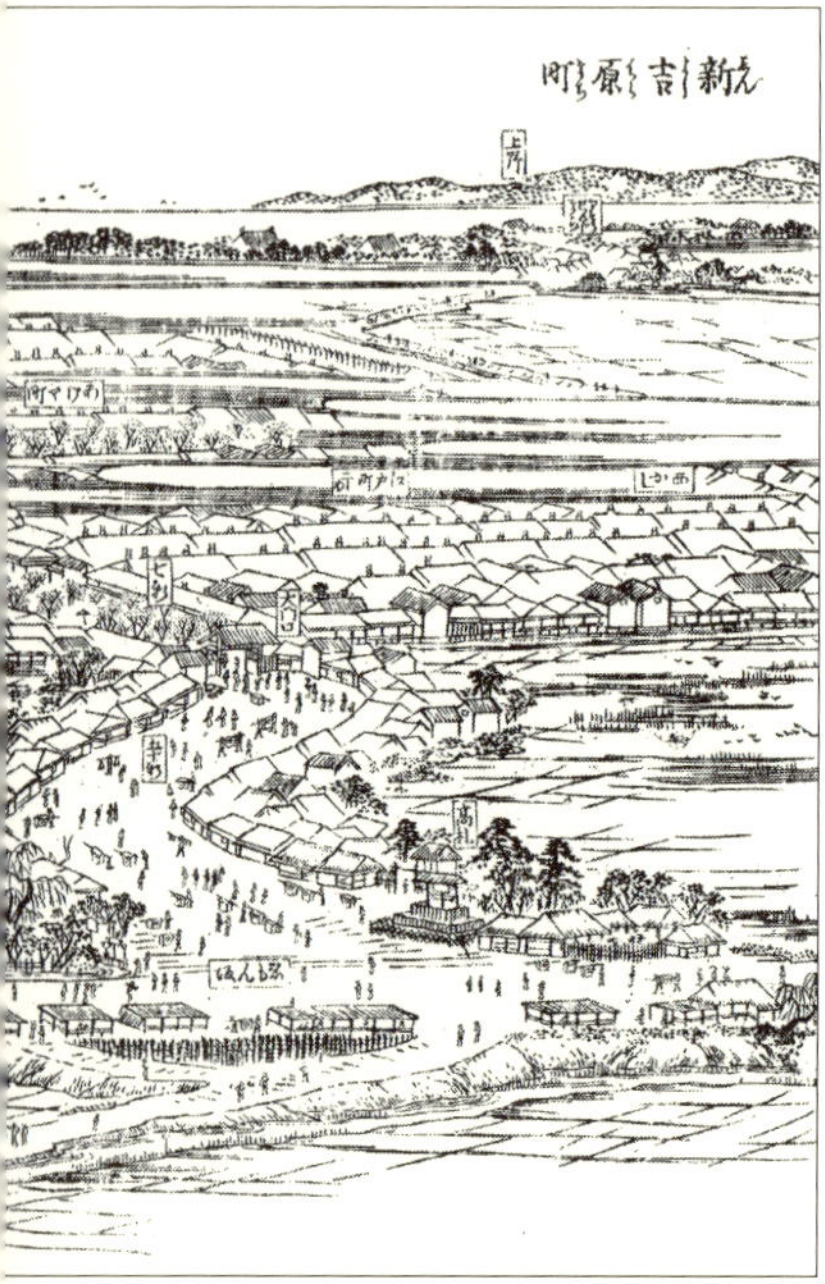

■吉原の女郎部屋。図は明和６（1769）年に刊行された吉原細見の巻頭口絵。

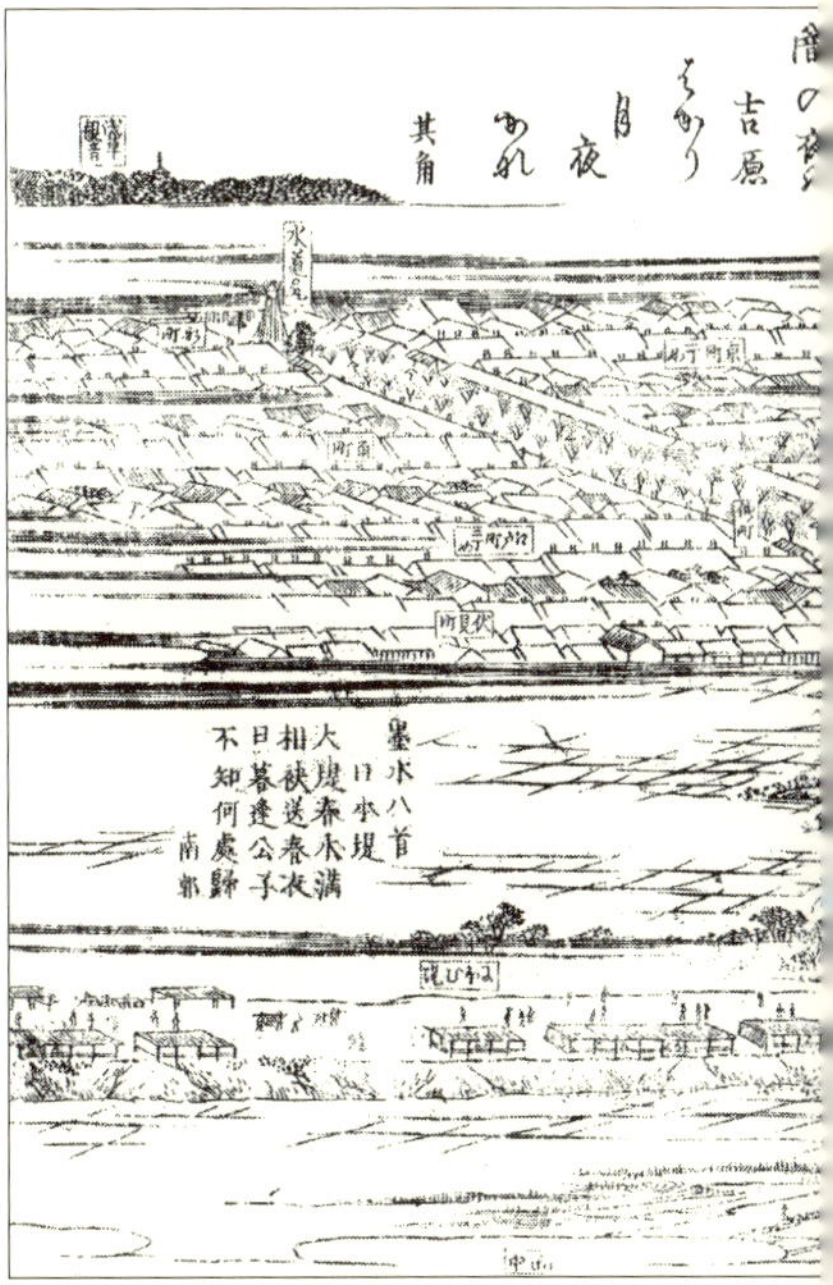

■「闇の夜は吉原ばかり月夜かな」。宝井其角の句が添えられた『江戸名所図会』に見る新吉原。たくさんの遊客が大門口（右図中央）に向かっている。

●女郎買いは男の甲斐性？

男の夢の世界、遊廓。江戸唯一の官許の遊里吉原は、堀がめぐり、日常の営みとは切り離された別世界。出入り口は大門一つ。大門を抜けると華やかな遊廓が広がる。大通りには客に遊女屋を仲介する引手茶屋《ひきてぢゃや》が道の両側に並び、茶屋の間の横町を入れば遊女屋だ。

江戸の初期には茶屋で一服から始まり、仕来りに則って遊びの駒を進めた。いざ馴染みになり、同衾が叶うまでには気が遠くなるほど金が要ったが、時代が下るにつれて仕組みは至って簡略になる。手軽なのは直接女郎屋へ行って遊女を見立て、二階座敷で酒を飲み、遊女の個室へ。ただし、目当ての遊女が複数の客を相手にしていれば待てども現れず、振られる憂き目に。あくまで主導権は遊女にある。『錦の袈裟』の与太郎のように「輪」でもなければ決してちやほやはされない。

第三十二席●輪があるともてる

錦の袈裟《にしきのけさ》

【お噺の面々】町内の連中五人　与太郎　与太のかみさん　坊さん　喜瀬川花魁

袈裟

「向こう町内の連中がさ、いつもの女郎屋に行ったんだってさ。そいでこちとらのことを悪くいったんだ。揃いの緋縮緬の長襦袢《ながじゅばん》で総踊りをして、あいつらもここによく来るそうだが、こういう遊びはできまいって」

「悔しいじゃやねぇか。何とか趣向をして行きたいんだが、何かいい知恵はねぇか」

「あります。横町の質屋の大和屋な、あそこの番頭が、こないだ祭りの趣向に焼け焦げさえ作らなければ貸しますという錦*が五本あるんだ。これをふんどしにして、総踊りをしよう」

「だって六人だぜ」「与太郎はいいや」「与太郎だって

錦●色糸を使って文様を織り出した絹織物。能の装束などに用いられる。

女郎買い

男一匹だ、なぁ、与太も行くだろ」「うん。家のおかみさんが何ていうか、聞いてから」「てめぇのかかぁにおの字をつけるない」「家のおかみさんは怖いぞ、聞いてくるから待っててくれ」

「あのーぅ、頼みがあるんだ」「そばにものさしはないね」「あのーぅ、お女郎買いに行くんだ」「何をいってんだい、女郎買いって柄じゃないよ。おまえさんなんか、鮑《あわび》っ貝でご飯かっこんで…」「縁の下に駆けこむかい」「やだねぇ、覚えちゃったよ。まぁ一晩くらいはいいよ」「もうひとつある、錦のふんどしの揃い」「坪いくらという切れだよ。それじゃね、お寺に行って、私の親戚の子に狐が憑きましてありがたいお坊さんの袈裟を掛けさせると落ちると聞いたんで袈裟を貸して下さいというんだよ」

「こんちは」「おや、与太郎さんか。何だ」「悪い娘が狐についいて」「それはあべこべじゃ、娘に悪い狐が憑

ありがたいお坊さんの袈裟

いたのじゃろう」「ありがたいお坊さんの錦の袈裟を掛けさせたいんで貸して下さい」「よし、これは当寺に十三代続く……」「きたねぇなぁ、この下のはきれいだ」「それは困る、明日法事がある家の納めものだ」「朝早くに返しに上がります」

「さぁそろった、出かけよう」

「おい総踊りだよ、*相撲甚句《すもうじんく》を弾いてくれ」すっ裸になると、錦のふんどし。「あの輪のさがっているのが殿様だよ、合方は誰だい。喜瀬川花魁《きせがわおいらん》かい、お殿様のお相手だから、といっておくんだよ」

お引けになって各々部屋へ。ふられた奴が起こし番で皆を起こし、与太郎がいないのに気付いて、起こしに行くと、与太郎だけが本部屋、次の間付。枕屏風をどけると、与太郎のところにだけは枕をはずして女が熟睡。

「花魁、*初会《しょかい》でずいぶん甘いじゃぁねぇか」「騒がしいよ家来ども、輪なし野郎。お殿様のお耳障りだ、さがっておれ」

「おい、輪なし野郎だっていいやがる。そういやぁ夕べ与太郎のふんどしには輪がついていた。じゃあ先へけぇるよ」

「主は今朝は帰しません」「袈裟を返さねへと寺をしくじる」

枕屏風

相撲甚句●絢爛豪華な錦のふんどし姿にふさわしい出し物。アアどすこい、どすこい！

初会●初めてその合方に出会うこと。通常は裏を返すといって二回目を踏まえ、やっと三度目に同衾の運びとなる。

格はピンキリ吉原の見世

夢の遊び場新吉原

◆吉原のなかでも店に段階がある。大見世と呼ばれる所には高級な遊女がいて、中見世、大町小見世、小見世と続く。一日揚げても千文の銭店あたりから格は落ち、切見世になると一切百文。ちなみに「切」とは少しの間のこと。

女郎買い振られたやつが起こし番

◆遊女が気に召さない客を断ったり、布団に入っても病気を理由に房事に応じないのを「ふる」、「ふりつける」という。与太郎は初会であるにも拘らず、袈裟輪のご利益で最上級のもてなしを受けたわけだ。

主導権を握る花魁

第三十三席●錦絵が取り持った縁

幾代餅《いくよもち》

【お噺の面々】搗き米屋の奉公人清蔵　親方　幾代太夫　藪井竹庵

惚れて煩う、太夫

「おい清蔵、姿海老屋《すがたえびや》の幾代太夫に惚れて、煩《わずら》っちゃったんだって。よし、俺が会わせてやる。その代り食うもんも食わないようにして一年稼いで金を貯めろ、そうすりゃぁきっと会わしてやる」

「本当ですか、病気は治りました」

清蔵さんは人が変わったように働き出す。夜なぞは寝ないで働いて、一年が経ったある日、「親方、あたしが稼いだ金はいくらになりますかね」。

「おう、よく稼いだな、夕べ勘定してみたら、十三両＊二分あった」「それ下さい」「あぁ、やるよ、何に使うんだ」「買うんです」「何を」「花魁を」「馬鹿をいえ、

十三両二分●江戸の大工の賃金が一日銀五匁ほど、金に換算すると十二日で一両となる。大工なら十三両二分は半年分の報酬だが、悪天候の日は稼げない。

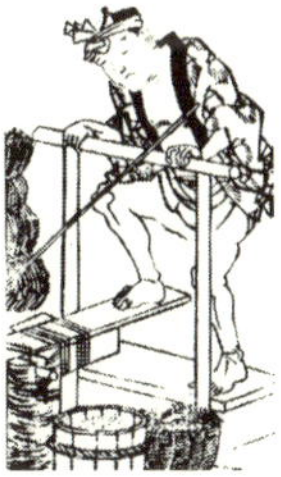
搗き米屋の清蔵

せっかくこれだけ稼いだんだ、これで所帯を持つとか……」「親方、去年あたしは煩いましたね」「そうだったかなぁ」「あの時親方は、一年稼げば幾代太夫に会わせるって約束したじゃありませんか」

「まだ覚えていたのかい、それじゃぁ仕方がない。一年みっちり働いた銭を一晩で使っちまうのも、江戸っ子らしくていいかも知れねぇ。とはいうものの、俺はこういう高い遊びをしたことがねぇ、誰かいないかなぁ。そうだ、医者の藪井竹庵《やぶいちくあん》がいい。定吉、藪井先生を呼んでこい」

「先生、清蔵がね、こういうわけで、*絵草紙屋《えぞうしや》の錦絵を見て、姿海老屋の幾代太夫に惚れてしまって、一年間貯めた金で遊びに行きたいという」「いい話ですなぁ。では清さん、風呂でも行ってきれいになってきなさい」

「おう、けぇってきた。その汚いのを全部ぬいじゃぇ、

絵草紙屋●絵草紙は女子供向けのいわば絵本。絵草紙屋では錦絵や吉原細見なども売られた。

錦絵

これを着ろ。この結城は、いっぺん着て遊びに行きたかったんだが、お前の首途に着せてやる。ああ先生、こんなものでは……」

「いや立派になった。紙入れはあたしに。それでは預かりましたよ」

こうして茶屋を通して聞いてみると、運よく幾代太夫があいていた。一年間恋いこがれて会ったその晩の早いこと。翌朝、糸柾《いとまさ》の火鉢の前で、幾代太夫が、「今度いつ来てくんなます*」。「花魁すいません、花魁をあたしはだましました。醤油問屋の若旦那なんかじゃありません。あたしは馬喰町三丁目の搗《つ》き米屋六右衛門の若い者です。また一年しっかり稼いで、会いに来ます」「主（ぬし）はおかみさんは」「ありません」「それではもう来てはなりんせん。来年三月、年《ねん》が明けたら主の女房にしてくんなまし」

そのときのためにと五十両*渡され、帰りはどこを通ったかわからない。

これから清蔵は、三月三月といいながら過ごし、三月の十五日に駕籠《かご》が着いた。「小僧どん、清蔵さんに中から幾代が来たと、そういってくんなまし」と待ち焦がれた花魁がやってきたのだ。

こうして、所帯を持ち、両国広小路*に餅屋の店を出し、子供を三人までもって富み、栄えたという、名物、幾代餅の一席。

くんなます●吉原の花魁言葉。諸国から抱えた娼妓の田舎言葉を隠すためにつくられた言葉で、ありますが「ありんす」、なされませを「なまし」などといった。

五十両●清蔵が一年がかりでこしらえたのが十三両二分。その四年分の勘定になる。

両国広小路●両国橋西詰めの広小路。江戸随一の盛り場で、食べ物商売や見世物などで賑わった。『たがや』もうろついた。

惚れ抜いて遊女の身請け

◆遊女は娼家に「年季奉公」をしている。年季が明ける前に身請けをするとなると「身代金」の残金やら祝儀やらをすべて客が持つ。よほどの大尽でなければ叶わぬことだった。

野暮なお前が頼もしい

色里の遊びのお代

◆遊び代には遊女を揚げる代金がまず要るし、酒肴の代も別に払う。このほか「馴染み金」を払う。その遊女が気に入り長く通う意味から通常二、三回目に出すもので、額は高級な遊女で、二両二分。ただしお代は見世のピンキリで雲泥の差。

台のものを運ぶ

お参りにかこつけて楽しむ道中

●箱根の山を越えるには、手形が要った江戸の旅

日本橋を起点に東海道、日光街道、奥州街道、中山道、甲州街道と五つの街道が開府後に整う。江戸も半ばになると、街道沿いには旅籠《はたご》も増えて旅はしやすくなったが、闇雲に自由な移動は禁じられていた時代。道中をするには通行手形が必要で、武士は領主から、農民や町人は名主、五人組、町役から身分証明と道中の目的を書いてもらい、携帯した。もっとも箱根の関所を越えるまでもない数日間の小旅行なら手形は要らない。

江戸中期の宝暦《ほうれき》頃には大山詣《おおやまもうで》が人気を集めた。これは帰路に江ノ島詣を兼ねることも多かったようで、他

■今も昔も温泉は旅の楽しみ。図は下諏訪駅中に三所ありと『木曾路名所図会』に紹介されている諏訪温泉。中山道と甲州街道が交わる繁華な宿場町の様子がうかがえる。

に富士詣、成田詣など、参詣にかこつけた旅が大いに流行った。

●「講」を結んで集団参詣

江戸の庶民は町内の者同士で講を結び、きたるべき道中に備えた。大山詣の「大山講」、富士詣なら「冨士講」、成田は「成田講」。講は幾度も経験を重ねた先達《せんだつ》が、同行する参詣人の道案内の役を果たし、信仰上の指導も行った。『大山詣り』にも、一筋縄ではいかない講中をよく取りまとめている先達さんが登場する。『大山詣り』は代表的な「旅噺」だが、身延山参詣の旅人が雪道に行き暮れて、民家に一夜の宿を借りることになる『鰍沢《かじかざわ》』、お気楽な遊山旅の二人連れが、造り酒屋で掛け合う『長者番付』、いずれも当時の旅の有り様が垣間見られるお噺。

第三十四席●大山詣りはお怪我がない

大山詣り《おおやままいり》

【お噺の面々】先達さん　熊さん　留公と相棒　宿の人　長屋のかみさん連中

旅支度

江戸という時代に、江戸っ子は箱根の山をあまり越えなかった。ただ大山*へは一年に一度はお詣りをしていたようだ。

「さぁさぁ、入っておくれ」「先達さん何です」「今年もお山へ行く時期*になったがなぁ、熊さん、今年はお前さんは留守を預かってもらいたいんだ」

「ははぁ、先達さん、あたしが飲んで暴れるんでそんなことをいうんでしょ。今年は、あたしは暴れない」

「駄目だよ、お前さんは去年もそういって騒ぎを起こした」「今年は大丈夫ですよ。じゃぁね、こうしましょう、あたしがもし騒いだら、頭を丸めて下さい。そ

大山●相模の国伊勢原にある霊山。

お山へ行く時期●毎年七月朔日より七日に至りまた十四日より十七日に至り参詣群集すこれを盆山というその餘参詣することを許さず（江戸大節用海内蔵）とあるように、お盆の頃の一大行事。

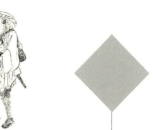

宿で無礼講

の代り、周りの連中だって、喧嘩をしたら二分*っつ出す取り決めにしましょう」てんで出かける。

お山は無事に済み、明日は江戸という神奈川の宿。

「先達さん、のんきに日記なんかつけている場合じゃないよ」「どうした」「決め式だから、まずおれと留《とめ》の奴の二分ずつをここに置く。熊の野郎の頭を剃っちまうよ。あたしと留の野郎とで風呂に入っていると、熊の野郎が入ってきて、割り込んだ。おまけに殴ったんだ。あまり癪にさわるから手桶で野郎を」「殴ったのか」

「それを取られて殴られた」

熊公の方は酔った勢いで高いびき。留公と二人は剃刀を用意して、熊の頭をきれいに剃ってしまう。誰にもわからないように蚊帳に包んで、翌朝の膳は隠して発ってしまう。お山の時分は大騒ぎだから、あちこちで忙しい。「あの二階を片付けておくれ」

「あれ、これは昨日お風呂で騒いだ人だよ。髪があっ

二分●一両の半分、銀で三十匁。職人が稼ぐには一週間はかかろうという額なのだから、厳しい罰金だ。

日記と矢立
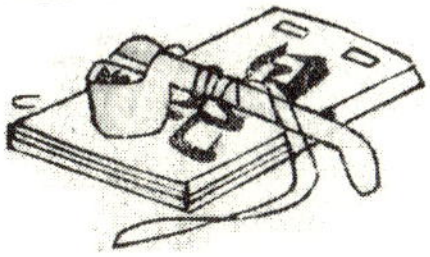

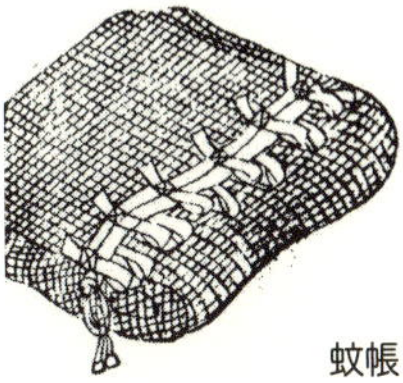
蚊帳

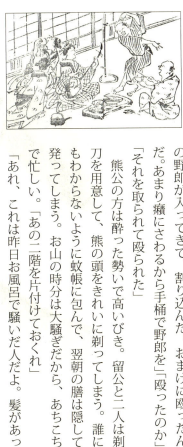

たようだけどお坊さんだったんだね。ちょいと、御出家さん」

「おおよく寝た、皆はどうしたい。もう出かけた？　なに笑ってんだ。髷《まげ》がない？　髷、髷がない、髷は自慢なんだ。ここに、おやない。昨日俺は騒がなかったか」「いろんなもの壊しちゃって、大騒ぎ」

「姉さん駕籠を頼んでくれ、江戸まで通しだ」てんで熊公は先を越して長屋に帰ってくる。頭に手拭を載せ、長屋のかみさん連中を集め、話して聞かせる。「実は神奈川までは無事だったが、船を出した。すると急に風が変わって、波を食らってひっくり返り、俺は何もわからずに波打ちぎわに打ち上げられたのを助けられたんだ。嘘じゃあない、この通りだ。頭を丸め、皆にこのことを告げたら菩提を弔うために回国*に出る」

さぁ、かみさん達は井戸に飛び込もうとする。それを押し止めて、熊公は、皆で坊主になれと剃って、かみさんの頭を丸めてしまう。

「そろそろ亡者がつく頃だ、念仏を唱えろよ」

「おい熊公の家から念仏が聞こえるぜ。変だな、長屋のかみさんだ、皆尼さんになっている。この野郎、熊公は」「いいじゃあないか、お山は無事にすんで、帰ってきたら皆さんお怪我なかった」

髷

回国●独特の笠を被り、仏像の入った厨子を背負って諸国を順拝すること。

尼さん

茶店で一服

参詣の後の、精進落としがお楽しみ

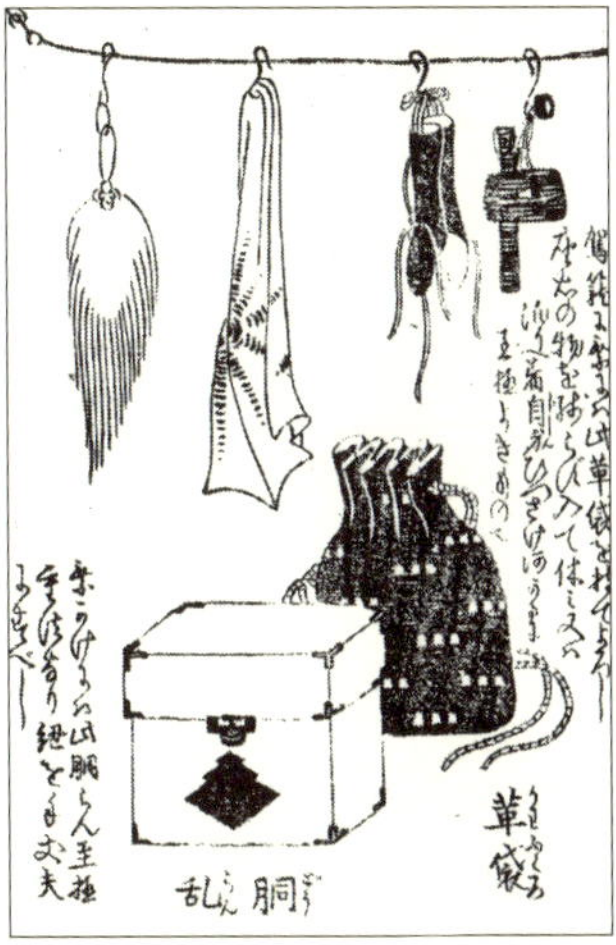

旅の携帯品

◆大山詣りは東海道もしくは大山街道を行く三、四日の小旅行。東海道ルートは江戸を発って品川、神奈川を経て戸塚辺りで一泊。藤沢から大山道で伊勢原、大山山麓へ。一泊して翌朝山頂を目指す。下山した後は藤沢まで戻り、江ノ島へ足を伸ばしたり、東海道の宿場で精進落としのお楽しみと相成る。

第三十五席●雪の中を身延詣でで助かる

鰍沢《かじかざわ》

【お噺の面々】身延参詣の旅人　元花魁　その亭主

身延山

身延《みのぶ》へご参詣の旅人が、法論石《ほうろんせき》を出たのが八つ*頃。鰍沢を目指しているが人家はなくなり、やっと一軒の家から明かりが見えたので、そこで一夜の宿を借りることになる。「どうもこの雪で道に迷い、助かりました」「こんな山の中だから何もできないが、薪だけはたくさんあるからおあたりなさい」

ひょいと炎で照らされた顔を見て、旅人はふっと思い出したことがある。「おかみさんは江戸の方で」「ええ」「どちらにお住まいで」「観音様の後ろの方」「さきおととしの二の酉*の晩、連れが酔ってなかへ行き、そのとき出て頂いたのがあなたのようで……」

八つ●お天道様が真上にある九つから約二時間後。その後七つ暮れ六つと日暮れていく。

二の酉●二番目のお酉様、酉の町。吉原にほど近い鷲大明神には江戸時代から参詣の人がたくさん集まった。

左が膏薬売り

「覚えてますよ、連れの方がたいそうおもしろい方で」

「あのあと、早く裏*を返さなければと、親父が旅に出たものですからすぐになかへ来て、茶屋で聞きますと、花魁《おいらん》は心中したという。それっきりなかには足を向けません。人というのは、いいかげんなことをいう」

「その話は本当なんですよ。心中をし損なって品川*溜《ため》へ下げられて、女太夫になるところを逃げ延びて、この山の中へ」「今のお連れあいってぇのはやっぱり、心中の相手」「生薬屋《きぐすりや》のしくじりで、膏薬《こうやく》の練りようだけは知っていたので、膏薬売りをしています」「そうですか、これは少ないのですがお礼の代わりに」と、二両包んで出した。

「あっ、地酒がある。玉子酒にすると飲めるから」

「いや、あたしは飲めませんので」「まぁいいじゃありませんかぁ」「お酒のお陰で眠くなりました」

「三畳に床が取ってあります」

裏を返す●遊女と初めて会うのが初会、二回目が裏。通常三回目に「馴染み金」を払って初めて同衾できた。例外もあるが。

品川溜●溜は病人の囚人などを収容したところで、品川、浅草の二カ所あった。

膏薬

旅人が寝込むと、亭主に飲ませる酒がなくなったので、買いに出た留守に、亭主が帰ってくる。「おい、今けぇった。なんだ、どこへ行ったんだ。亭主の留守に玉子酒なんぞを食らって。冷たくなった玉子酒なんてのは、やに生臭せぇものだ」と言いながら飲むと、からだがしびれる。

そこへかみさんが帰ってくる。「おい苦しい、背中を押さえてくれ」「お前それを飲んだのか、旅人が金を持っているようだから、仕事をしようと作ったしびれ薬の入った酒だよ」。

これを聞いて旅人は、壁代わりの筵《むしろ》を蹴破ってころげ出て、毒消しの御《ご》符《ふ》を飲み込むと、からだが動く。脇差と荷を持って裏から逃げ出した。「畜生、野郎気がついたらしい、裏から逃げるようだ」「お前の敵《かたき》はあの旅人だから」、鉄砲を抱えると女は飛び出した。

少し小高い所を旅人は登ると、そこは鰍沢の崖。後ろは鉄砲の火。思いきって飛び降り、筏《いかだ》の上に落ちたが、岩にぶつかって筏はばらばら。やっと一本の木にしがみついて、南無妙法蓮華経を繰り返す。女はねらいを定めてずどーん。髷をかすって岩へぴしっ。

「あぁ、お材木（お題目）のお陰で助かりました」

鉄砲

筏

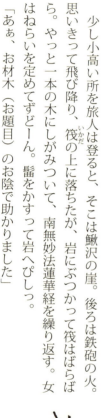

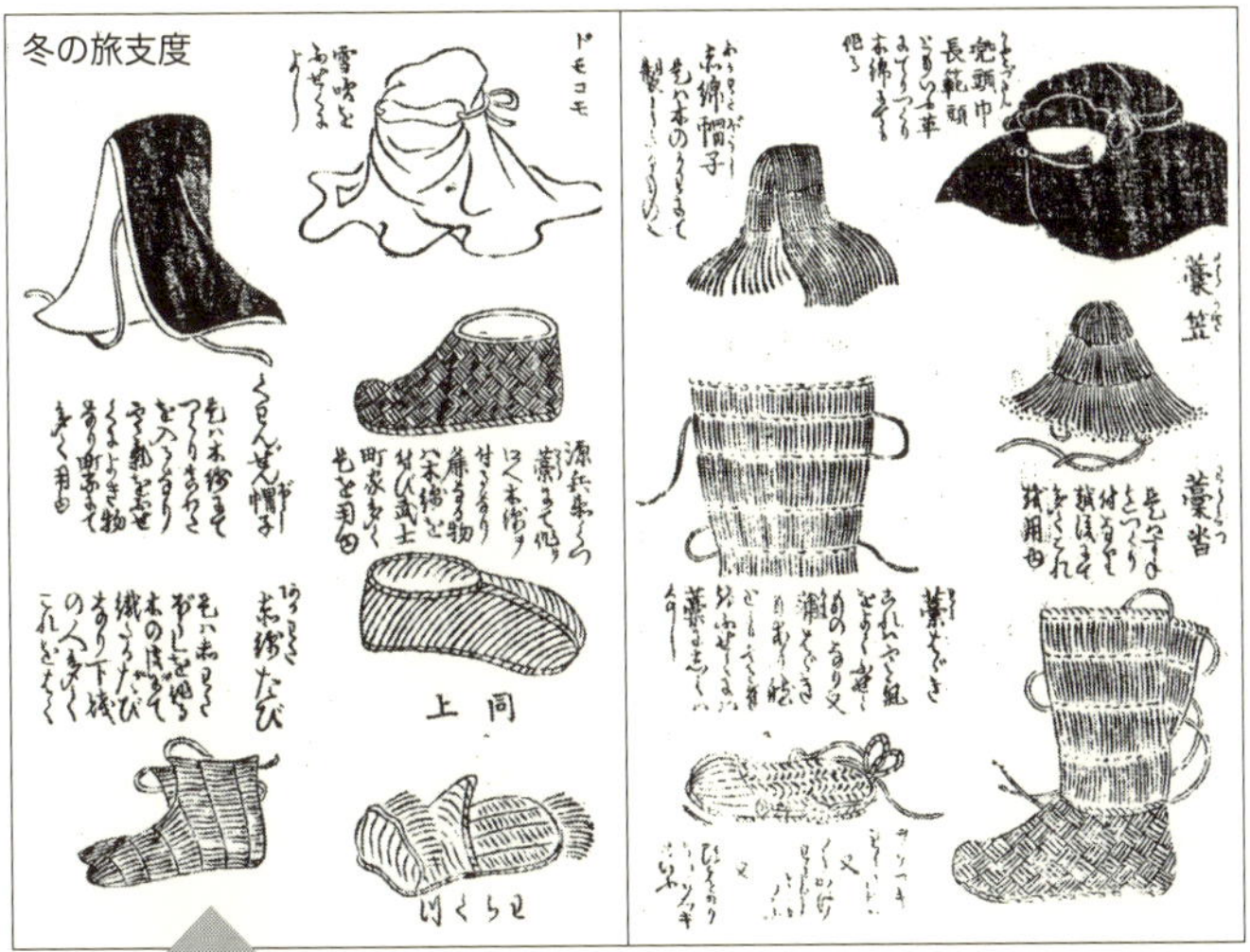
冬の旅支度

旅行用心集に見る旅のこしらえ

◆江戸時代の旅の入門書として知られる『旅行用心集』。まず旅で出くわす虫に始まり、身支度に必要な物、旅の間の記録を書く帳面、雪中の旅に欠かせない物などが細かに書いてある。上図は冬の旅支度の図解。

玉子酒、鉄砲、毒消しの御符

◆玉子酒以下なんとも突飛なお題が三つ。これは客が出したものを即興で一席にまとめる三題噺《さんだいばなし》の秀作のひとつ。『芝浜』は酔っぱらい、革財布、芝浜がお題。

護符
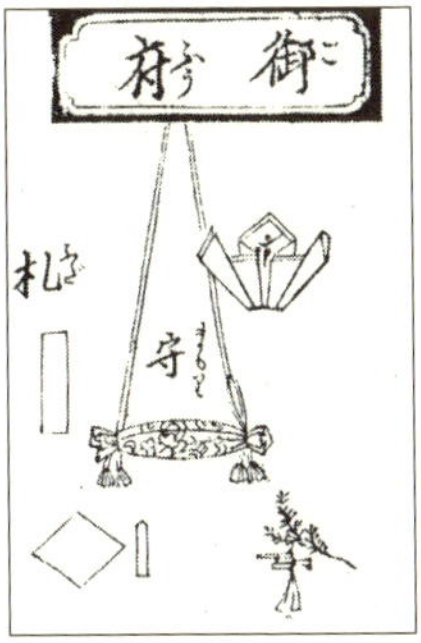

第三十六席●造り酒屋の口説き方

長者番付《ちょうじゃばんづけ》

【お噺の面々】遊山旅の二人連れ　造り酒屋の主

お気楽な遊山《ゆさん》旅の二人連れが、造り酒屋で盛んに掛け合っている。居酒屋で飲んだ悪い酒の口直しに、旨いのを一杯やりたい。

「二、三升じゃぁ売れねぇな」

「いったいどのくらいなら売ってもらえるんで」

「馬に一駄《いちだ》か、船に一艘」「というと」「まぁ、一駄というのは四斗樽が二つだ。船一艘というと五、六十丁くれぇかな」「やかましやい。俺たちは江戸の者で旅をしているんだ。そんな酒を持って道中ができるかい、このうんつくめ、話のわからないどんつくめ」

「そんなに怒らねぇでもえぇ。おーい、皆、大戸をお

お気楽な遊山旅

四斗樽

造り酒屋

ろせ、しんばりを交《か》え」

「兄貴、なんだか変だぜ」「落ち着いていろ」

「お前さんにちょっと物を尋ねるが」「何でぇ」

「今、うんつくといったな、どんつくといったなぁ。おらぁ田舎者だ、その言葉の訳を聞かしてくだせぇ」

「なんだぁ、なんだぁ。薪ざっぽうなんか持って、言葉を教えろだと。おめえの後ろに貼ってあるのはそりゃぁなんだ」「これは長者番付つうだ」「江戸ではそれを、うんつく番付というんだ」「これをか」

「そうだ、訳を聞かしてやろう。西の大関が＊鴻池《こうのいけ》善右衛門だ。あぁ、東が三井八郎右衛門よ。鴻池は、今はしらねぇ者がねえ大金持ちだが、以前は伊丹で造り酒屋をやっていた。この造り酒屋の親方が、余りよくない奴で、鴻池からお暇が出てしまった。腹を立てたこの親方が、出る時に火鉢を酒樽の中へぶち込んで逃げた。するとどうだ、酒が澄んで、よい酒になってい

鴻池善右衛門●幕末に日本一の富豪といわれた人。本姓を中氏といい、その一門は二百余軒。鴻池を屋号にし、そのなかの大きな家では諸大名に金銀を貸していたという。

る。さぁこれからは澄んだ酒が鴻池にあるというんで評判になり、注文がやたらに来たから大金持ちになって、それから大坂に出てきて、今のような大きな商いをするようになったんだ。なぁ、これがうんつくのどうんつく、の意味だ。ついでに教えてやろう。三井だって先祖は＊六部《ろくぶ》だ、ある時、宿を探したが誰ももめ事があったって泊めてくれねえ。空き家に泊っていると、火の玉が三つ出た。変だと人を頼み、火の玉の出る古井戸をさらうと、ひとつの井戸から、千両箱がひとつずつ出て来た。この金を元手に商売をして、今のような大商人になったんだぁ」

「あぁそうか、ほめ言葉だったんだな。そりゃぁすまねぇことをした。何だ、薪なんか持ってつっ立っていないで、早く門を開けろ。今酒を持ってきますから。こんな土地だから口に合うかどうかわかんねぇが、飲んでくんろ。それでなぁ、よいことを教えるだ。造り酒屋に行ったら、江戸の新川の者だが利き酒したいというだ。買ってもらえると思うから、いくらでも飲ませるだぁ」「そりゃぁいいことを聞いた、じゃぁこれで」

「おーい江戸の人、あんたたちも早く江戸へ帰ってうんつくにおなんなせぇ」「おいらぁうんつくは嫌いだ」「江戸の人は欲がない」

六部

六部●六十六部。諸国の神仏を順拝する人で、回国とも、略して六部ともいう。

江戸時代の銘酒とその印

◆江戸時代の酒どころは摂州の伊丹、池田、灘が筆頭。醸造家も多く、上等の酒を出し、はなはだ繁盛していた。主な銘柄は古今第一とされた剣菱。正宗。むつうろこ。きく。よね。壽海《じゅかい》など。右図は『絵本庭訓往来』に登場する荷揚げの様子。今に継がれる伝統の印も見える。

江戸時代の銘酒、酒の荷揚げ

酒を商う度量衡一駄とは

◆造り酒屋のいう最低単位は「馬一駄」。実際酒の値決めは「十駄二十樽金何十両」というように行った。十升が一斗、四斗樽二つが一駄の勘定になるので、一升瓶で八十本。

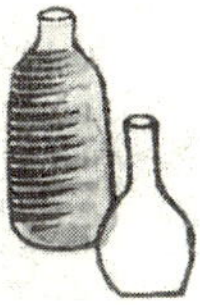
下々は通い徳利で

第三十七席●大坂までの船の上は大騒ぎ

三十石《さんじっこく》

【お噺の面々】江戸の二人連れ　寺田屋の使用人　主　番頭　船待ちの客
船中謎掛けの人　くらわんか舟の人　ろくろ首

船旅

仲の良い江戸の二人連れ、京都をくまなく見物して、大坂へ下ろうというので、伏見へ来る。伏見から大坂までの夜船。

「あんたがた、お下りでは」「どっちかというと決して」

「何をいってんだ。姉さん、俺たちは京で寺田屋へ泊ってくれといわれて」「手前どもが寺田屋*で」

「そうか、じゃぁ」てんで入れ込みの二階へ上がると、主が何か持って上がってくる。

「へへへ、皆さんお疲れ様で。江戸のお客さん、ただいまは多分のご祝儀をちょうだいしまして。荷物のあ*

寺田屋●坂本龍馬が襲われたのも伏見の宿「寺田屋」ではあった。

あいさ●間、隙間。

宿の客引き

いさにこれを」と、小さなものを持ってくる。続いて番頭が帳面を持って上がってきて、名前を書きつける。

「こないだも源牛若左衛門やなんて、えろう叱られました。ひとつ本名で」「よし、俺たちは江戸だ」「江戸のどちらで」「浅草花川戸《はなかわど》、*幡随院長兵衛《ばんずいいんちょうべえ》」「お隣さんは」「助六」「そちらの御出家さんは」「愚僧は、播磨国、書写山《しょしゃざん》、武蔵坊弁慶」「そちらは」「大坂今橋、鴻池善右衛門」「お手代さんですか」「いやいや、わいが鴻池善右衛門」「何ゆうてます、色の白い、お城の煙硝蔵に入ってくすぶった、もっと肥えた……」「米が高いのでやせた」「そちらのお女中は」「自らは小野小町、疑わしくば百人一首の歌詠みましょか」

「あんさんは」「わいは大坂西渡海里町《にしとかいりちょう》、八文字屋徳兵衛、近江屋卯兵衛、福徳屋万兵衛、大黒屋六兵衛、木津屋藤兵衛、尾張屋喜三郎、提灯屋武羅衛門、小言幸兵衛長屋中」「なんですねん」「去年うちの婆さんが

幡随院長兵衛●実在した江戸時代初期の侠客。芝居の世界のヒーローでもあった。

助六

死んでそれだけ来てくれた」「なんや、葬礼の帳面や」

そうこうしているうちに、炊き立ての熱いご飯が出て、煮えくり返ったおつゆ、そこへ、「船が出るぞー」という声。慌てて皆駆け出すが、旅馴れた人はおつゆのおかわりをしてゆっくりと船へ。

船が出ると、「お江戸の方、あなたがたのぽんぽんとした物言いで、これから五里先の枚方《ひらかた》に着きましたら、＊食らわんか舟を追い返して下さい。それまで謎掛けをしまひょ。数字の一の字をもらうと、感心な寺の小坊主と解く。心は、辛抱すると住持《じゅうじ》になれる」。

こうして皆寝静まった頃、小舟が寄ってきて鍵をかけ、するすると船に上がり、「酒食らわんか、餅食らわんか」。「いて、この野郎。食らわんかとは何だ」「食らわんかというのはこっちゃの習わしだ」「ぽか」「何すんねん」「気に入らねえ奴がいたら、ぽかっといくのが江戸の習わしだ」「あの、ここへ座らして」「どうしました」「わいの隣の人、首がない」「ははぁ、ろくろっ首だ。こちょこちょ、ほら帰って来た。あんたはうまい味を長く楽しめる」

「その代り、薬を飲んだ時は長く苦い」

食らわんか舟●淀川を往来する乗合船、三十石船の客目当てに食料を売った舟。舟は酒や餡餅を主に売った。

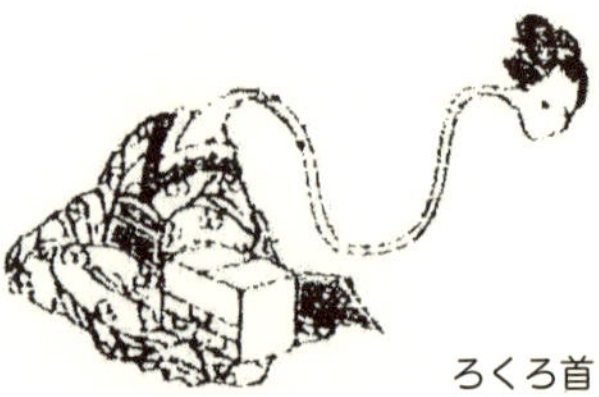
ろくろ首

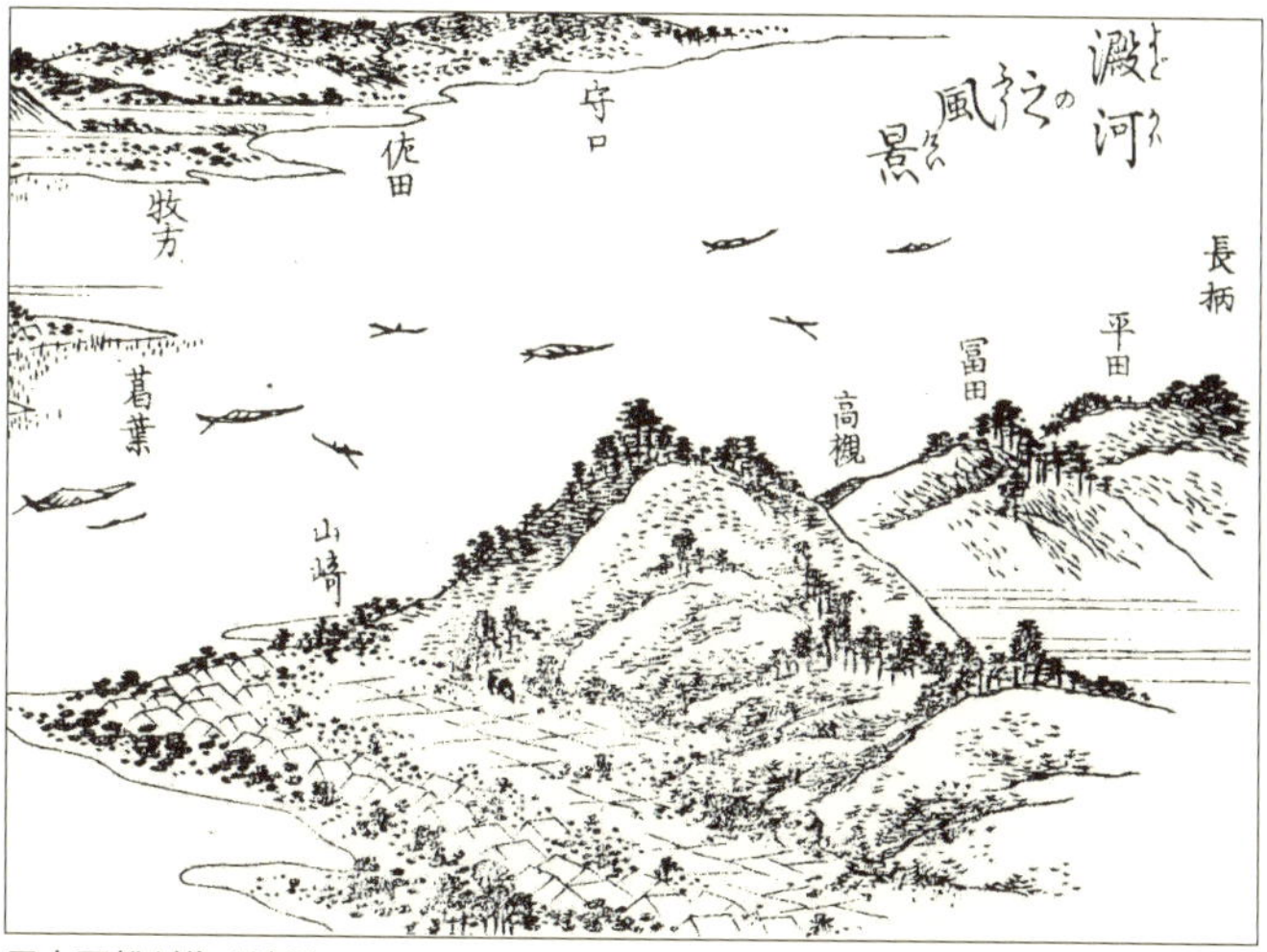

三十石船が往く淀川

京坂を結ぶ連絡船 三十石船

乗合船の旅

◆三十石船は淀川船とも呼ばれた乗合船。大坂と京伏見を結ぶ連絡船で、朝と夕方に出港し、一日あるいは一夜で先方へ着く。乗合の料金は大坂発一人百四十八文。伏見から下るのは半日あるいは半夜で一人七十二文。これは一人分の席料で、一人で二、三人分を出す人もいた。

第三章　江戸の暮らし

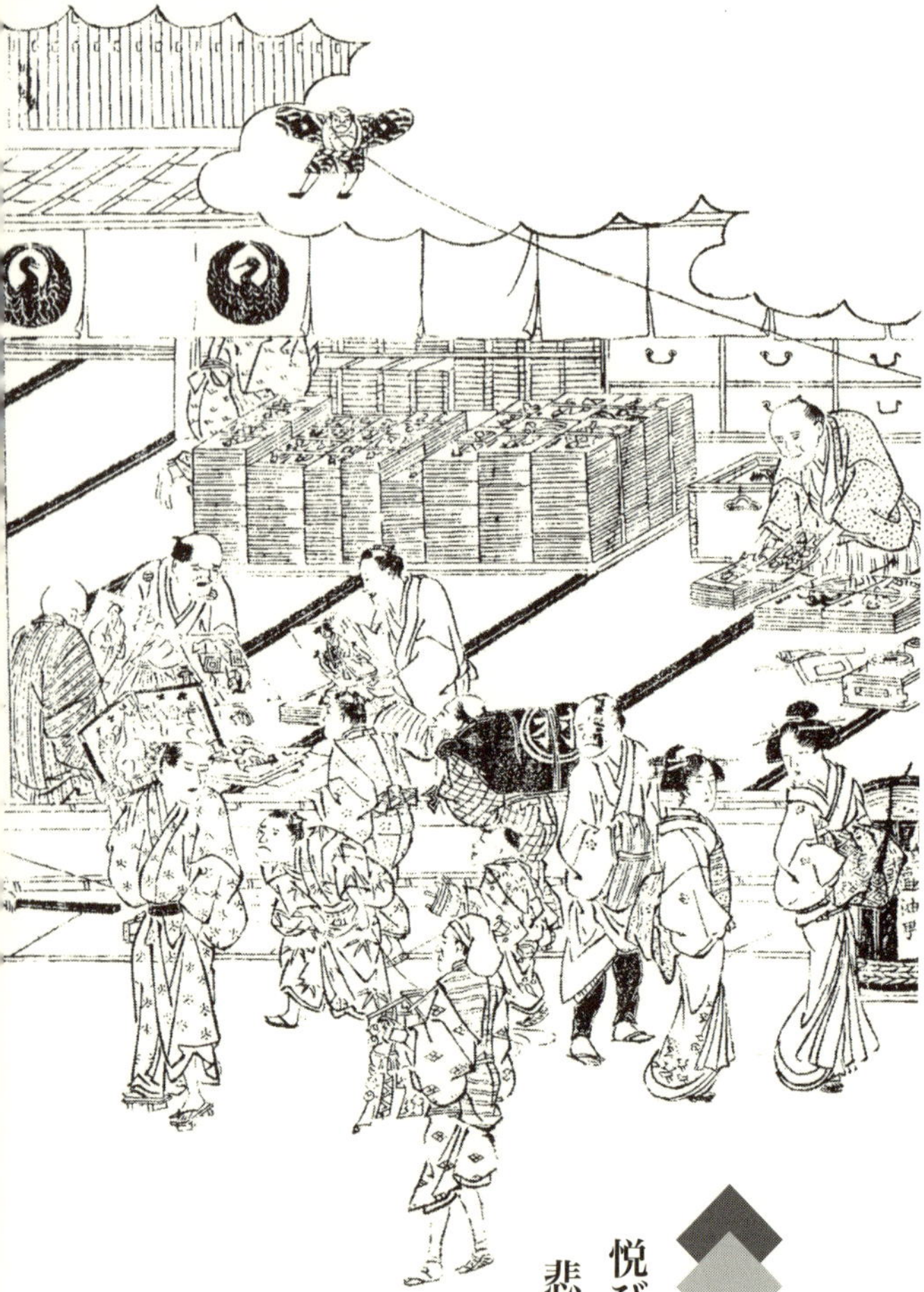

悦びも
悲しみもあり江戸の町。
何はともあれ、
春はまた来る

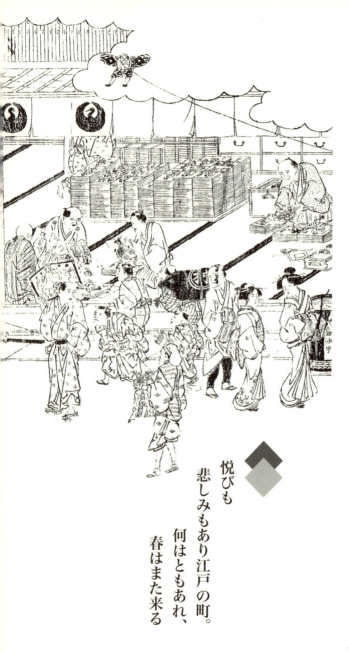

【祝儀不祝儀】
鮑のし　たらちね
天災　らくだ
【裁き】　大工調べ
三方一両損
【行事・歳時記】
御慶　かつぎや
花見の仇討
たがや　汲みたて
厄払い　掛取万歳

人の世の節目節目の祝儀不祝儀

■もてなしの本膳の支度(女大学)。膳は「宗和膳」といい、民間の婚礼の時、お客さんのすべてにこの膳を出す。

●三三九度の盃をかわし、所帯を持つ

江戸時代の婚礼は、花嫁が花婿の家に「輿《こし》入《い》れ」をして「祝言」を挙げる。武家の場合は、花嫁を乗せた輿が行列を仕立てて嫁ぎ先の邸内に赴く。

長屋住まいの下々はといえば、極端な例だが『たらちね』。大家さんの世話で嫁をもらうことにしたその日に、八五郎にごく丁寧な嫁が来る。祝言は、つまるところ夫婦の契り、親子の契りを結ぶ固めの盃をかわすこと。家の格が違えば座敷にあつらえる祝の品も異なろうが、広めの場に集う人々は皆一様に笑顔で両人の門出を祝う。

■花嫁は駕籠に乗ったまま嫁ぎ先へ赴く武家の婚礼。百科事典ともいえる「節用集」のひとつ『永代節用無尽蔵』のひとこま。右隣には大安や仏滅などの「六曜」の日の巡り方が解かれている。

●離縁状、二通欲しがる八五郎

お袋と女房を離縁するから離縁状を二通書いてくれとご隠居に息巻く『天災』の八つぁん。二通というのは問題だが、縁切りには亭主からその旨を記した書面をおかみさんに渡すのが基本。連名でお上に届け出る訳ではない。おかみさんの方から別れたいときにも、亭主に書かせる。双方とも、こうした筋を通さずに再婚をするとお咎めを受けることになる。

●菜漬の桶でも代わりになる棺

江戸時代は今と違って棺は座棺。多くは桶型で、注文を受けて即仕上げるところから「早桶《はやおけ》」と呼ぶ。『付き馬』という噺にある、吉原で払いに窮した男が店に飛び込んで特注する「図抜け大一番小判型」もそれだ。これを担いで檀那寺《だんなでら》へ運び、回向《えこう》をしてもらうのが葬儀。菜漬の桶を棺桶代わりにして馬さんを送る『らくだ』は、乱暴だが、弔いの次第がよくわかる。

第三十八席●鮑のぽんぽんを知っているか

鮑のし《あわびのし》

【お噺の面々】 甚兵衛さん　おかみさん　大家の隠居　留さん

鮑

甚兵衛《じんべえ》さんは極上のお人好し。今日も仕事へ行くのがいやになり、友達に今日働かなかった分は、他の仕事で埋め合わせをしろといわれる。お寺の屋根に鳳凰《ほうおう》が来るのを捕まえろというので、待ってはみるが、いくら待っても鳳凰は来ない。お寺の住職に聞くと、鳳凰は今日は来ない、雀は来るといわれ、がっかりした拍子に猛烈に腹がすいているのに気付く。

おかみさんに泣いて頼むと金を借りてこいといわれ、自分には貸してくれない人が、かみさんの名を出すとそれだけでいいのかい、もっと貸そうかとまでいわれる。気分を悪くしておかみさんに金を渡すと、こ

鳳凰

魚屋に知恵を授かる

の金で、魚屋に行って尾頭付きを買ってこいといわれる。「俺は猫じゃあないから魚を食べても腹はふくらまない」

「そうじゃあない。その尾頭付きを持って大家さんのところへ行くんだよ。今度大家さんのとこの若旦那にお嫁さんが来るんだよ。これは長屋のつなぎの外でございますといって持っていけば、借りた金の額の倍はお返しにくれるから、借りた分を返して、残りで米を買うんだ」とおそわり、魚屋に行く甚兵衛さん。

尾頭付きは鯛だけで、とても高くて買えない。そこで親方におそわり、鮑を三枚持って大家さんのところへ行く。すると大家の隠居が「磯の鮑の片思いなど持ってくるとは」と叱られて返されてしまう。

しおしおと帰ってくるところを留《とめ》さんに出会う。

「よし、いいことを教えてやる。まず、熨斗《のし》の根本を知っているかと聞け。知らないといったら下足のまま

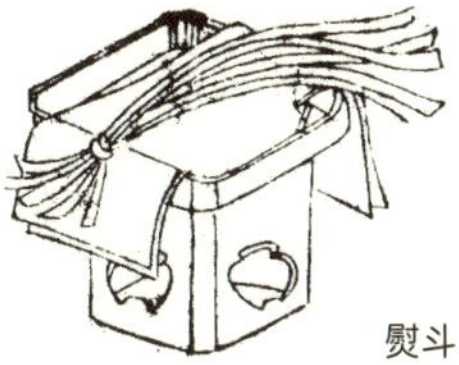

熨斗

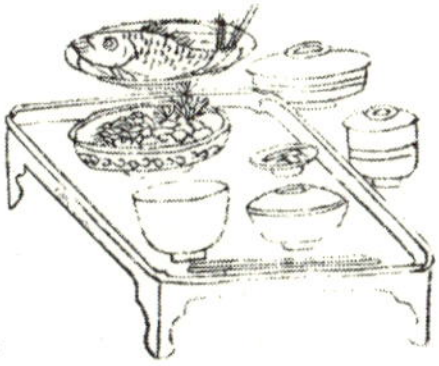

尾頭付き

でかまわない、大家の家に上がり込み、くるっとけつをまくって、熨斗というのは海人《あま》が海に潜ってとった鮑を蒸して薄くむき、仲のよい夫婦がその上に寝て作るんだ。その縁起のよい鮑をけえすとは何ごとだ。あの隠居は理屈屋だから、のし、と書くのはと聞いたら、むきかけだといえ。柿などでも皮をむけば皆のしになる」

さあ勢いこんで大家の家にもどった甚兵衛さん。

「やい、熨斗のぽんぽんを知っているか」「なんだぽんぽんとは」「根本だ」「それがどうした」「根本を知らねえでけえすとは何ごとだ。鮑は熨斗の根本だ。しかも後家でいかず、やもめでいかず、仲のよい夫婦が二人で作るものだぞ。その縁起のよい熨斗の根本の鮑を返すとは、不届き千万だぞ」

ここで隠居はびっくりしたり、うなずいたり。ではと、ひらがなの熨斗を聞かれても甚兵衛さん大丈夫。すらすら答えてこれでよしと思ったら、じゃあ書き熨斗は。

「それは貝のひもだ」

「それでは同じ熨斗でも杖をついたのがあるがあれは何だ」

「うーん、あれは鮑のおじいさんだろう」

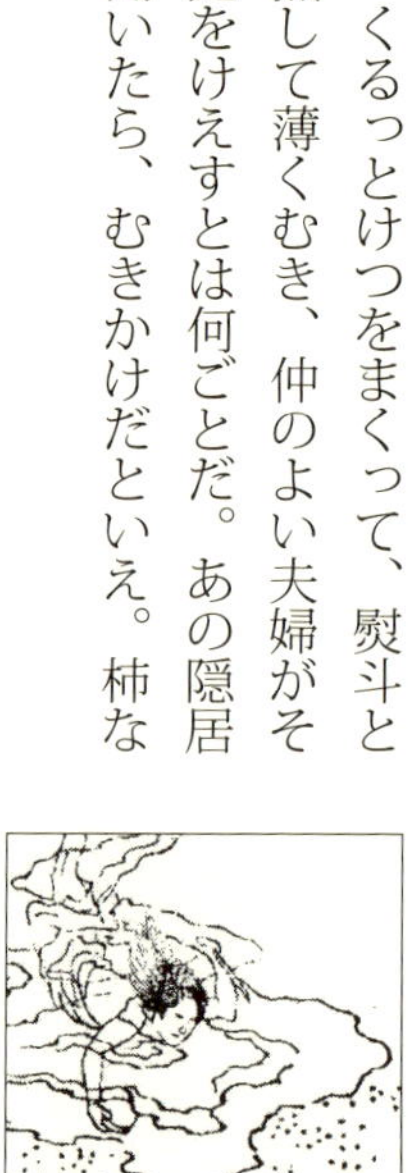
海人

祝言の祝い物あれこれ

◆下図は婚礼の席を飾る「島台」。島台というのは州浜《すはま》の形をいい、島の形をしていて三カ所に足が付いている。幕末期の島台は州浜形の台に色糸や染めた紙で松竹梅鶴亀などを作ってのせ、これに尉と姥などをそえたりした。「指樽《さしだる》」「角樽《つのだる》」といった祝いの酒を入れる樽も欠かせない。いずれも二樽一荷で用いた美しいもの。

生では具合が悪い
婚礼の鮑

祝言の道具、高砂の島台

第三十九席●あーら我が君の八つぁん

たらちね

【お噺の面々】八つぁん　大家さん　嫁の清女　ねぎ売り

三十盃

長屋の八つぁんが大家さんの世話で嫁をもらう。夏冬のものは持っているし、＊女一通りのことはできるという。

「そんな人が、あっしみたいなとこへ本当にくんですか」「向こうから言い出したんだから大丈夫だ。ただな、ひとつだけ傷がある」「寝しょんべんをするんで？」「そんなことじゃあない、言葉が丁寧過ぎるんだ」「言葉が丁寧、いいじゃあないですか。あっしがぞんざいなんだから、そのうちに混ざってちょうど良くなる」というわけでその日の内に輿入れ。

大家さんはお嫁さんをおいてすぐ帰ってしまったの

女一通りのこと●書、読、縫の三つが「女子之三習」とされていた。算盤の代わりに裁縫。

裁縫

「あーら我が君」

で、八つぁん、さあ困った。

「おまさんの名はなんていうんです」と聞くと、「自らことの姓名は、父はもと京都の産にして、姓は安藤名は慶三、字《あざな》を五光。母は千代女と申せしが、我が母三十三歳のおり、ある夜丹頂の鶴を夢見てはらめるがゆえに、たらちね*の胎内を出でしときは鶴女と申せしが、これは幼名。成長の後は清女と申しはべるなり」。

「へーぇ、それ全部おまさんの名前？　すいません、ひらがなでそれを書いて下さい。えーと、みずからことの、せいめいは。まぁいいや、そのうち慣れるだろう」とその夜は寝てしまう。

　翌朝、八つぁんの枕元へぴたりと座り「あーら我が君、あーら我が君。白米《しらげ》のありかは何れなりや」。「しらみなんかいないよ」「白米とは白い米《よね》のこと」「ああ米なら蜜柑箱《みかんばこ》にへぇっている」

　そこでご飯を炊き、味噌汁を作ったが実がないのに

たらちねの胎内●母親の胎内。この名乗りのくだりから恐るべき嫁の丁寧言葉が八五郎を襲う。

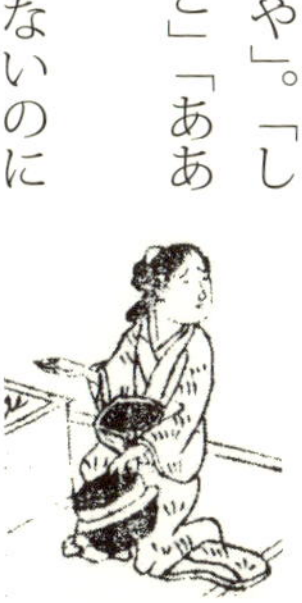

白米のありかは何れなりや

気がつき、どうするか迷っていると、そこへ「ねぎやぁ、岩槻のねぎ」とねぎ売りが来る。

「これこれ、門前に市をなす賎《しず》の男子、男子や男子」「何でぇ、変な調子で呼んでるぜ。ねぎを買おうってんだな。へぇ、おまけ申してねぎは一束*三十二文で」「召すや召さぬや我が君にうかがう間、門前に控えておれ」とねぎ売りを待たせ、ねぎの銭がいるので、「あーら我が君、あーら我が君。白根草《しらねぐさ》の値三十二文」。

「なに、銭か。銭は長火鉢の引き出しに入っているよ」

これですんだと思うと、またまた「あーら我が君、あーら我が君」。

「ちょっと待ってくんな。その、あーら我が君てぇのをやめてくんねえかな。友達には口の悪いのが大勢いるんだから、そのうちに俺のことを我が君の八つぁんなんて呼ぶ奴が出てくるよ。で、なんなんだい」

「もはや、日も東天《とうてん》に出現ましませば、うがい手水《ちょうず》をあそばされ、神前仏前にみ明かしを捧げられ、ご飯を召し上がってしかるべし、*恐惶謹言《きょうこうきんげん》」

「おう、飯を食えか。飯を食うのが恐惶謹言なら酒を飲んだら、酔ってぐでんのごとしだろう」

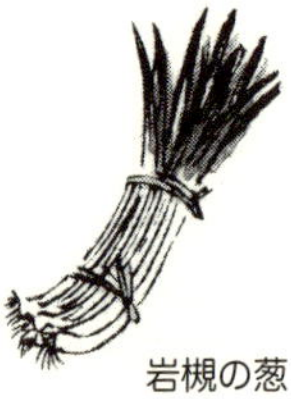
岩槻の葱

三十二文●種ものの蕎麦や味噌の一包みが買える値段。駱駝《らくだ》の見世物などもこのくらい。

恐惶謹言●手紙の末尾に沿える決まり文句。「恐惶謹言仍て件《くだん》の如し」を洒落てオチになっている。

◆婚礼に際しては新婦が嫁入り道具を持参するが、「九尺二間長屋」は総体六畳。四畳半にわずかな勝手場が付くだけだ。そこへ嫁ぐとなれば、鍋釜に風呂敷に包んだ寝具と衣類少々がせいぜいだろう。

祝言の図

長屋にお輿入れ　嫁入り道具は？

いたって簡潔　飯支度

朝餉の膳

◆京坂では昼に飯を炊くが、江戸は朝炊いて味噌汁を付ける。昼と夕飯は冷や飯が常だった。昼飯には野菜や魚肉などの一菜を付けるが、夕飯は茶漬けに香の物。とはいえお勝手の道具事情から、簡潔ではあっても簡単な仕事ではなかった。

天災

第四十席●ならぬ堪忍するが堪忍

天災《てんさい》

【お噺の面々】八つぁん　大家さん　紅羅坊名丸先生　八のかみさん　熊さん

「大家さん、*離縁状を四、五本書いてくんねぇ」と八つぁんがやって来た。
「何だと、離縁状を四、五本書けと。どうするんだ」「一本はかかあにやる」「うん」「もう一本はばばあにやる。後のは壁に貼る」「離縁状を壁に貼る奴があるか。それはいいが、かみさんに渡すのはわかるが、ばばあというのは誰だ」「あれ、大家さん知らねぇかい、家にいる提灯ばばあ」「なんだ、提灯ばばあというのは。あれはお前の親だろう」「冗談じゃねぇ」「ああそうか、かみさんの親か。いや、おいあれは三年前に死んだお前の親父のかみさんだろう。それじゃおまえの親だ」

離縁状●離縁するときに夫が妻に渡す書状。三行半《みくだりはん》に書くのが普通で通称三行半。ちなみに、離縁は原則男性側からしか出来なかった。

気が短い

「そういう見当に」「何をいってんだ。今な、手紙を書くからそれを持っていきな」「へぇ」「離縁状引請所とか何とか。これを持ってな、長谷川町の新道に、紅羅《べにら》坊名丸《ぼうなまる》という方がいる。わからなかったら、紅屋の隠居とお尋ねしなさい」

「驚いたね、離縁状の引請所か。長谷川町の新道*てぇのはここで」「はいそうですよ」「べらぼうになまけるって奴がいるかい」「そんな方はいません」「紅屋の隠居」「それなら紅羅坊名丸という心学*の先生だ」「それほど知っていて横着な。こんちは」

「はい、どなただな。ほうほう、朱徳老人から。返事がいるといけないからしばらくお待ちを。ふむふむ、あなたがご本人でしたか、まぁお上がり下さい。あなたは大変気が短い、親にも手を上げる」「何だぁ、おまえさん喧嘩を売るつもりか」

「いや、喧嘩などはいたしません。気が短いというの

長谷川町の新道●人形町のあたり。江戸芝居の根本とされる中村座の芝居があったところ。

心学●儒教や神道、仏教をもとにした倫理学。道徳的教訓を分かりやすく詠んだ和歌、道歌を引いて訓話を説く。「堪忍の袋を常に首に掛け云々」もそのひとつ。

なら少し話をいたしましょう。堪忍のならぬ堪忍するが堪忍。堪忍の袋を常に首にかけ、破れたら縫え、破れたら縫えといいましてな、堪忍が大切です。道を歩いていて、小僧さんが粗相で水をあなたにかけたらどうする」

「小僧を張り倒す」

「ではな、瓦が屋根から落ちてきたら」「その家へいって膏薬《こうやく》代をもらう」

「ではな、四里四方という広い原にいて、宿る木も何もない。夏の雨は馬の背を分ける、夕立といって急に降り出す」「ばぁっと駆けらぁ」

「駆けても濡れる、天道と喧嘩をなさるか」「あきらめらぁ」

「そこだ、小僧がまいた水だと腹が立つ。天から降った雨だと思えばあきらめられる」「なるほど理屈だ」

「帰りなさるか。あ、そこを締めていって」「天が締めねえ」

「今けぇった」「おまえさんがいなくてよかったんだよ。熊さんの所へ先のかみさんが来て大騒ぎだったんだよ」「よし、熊のとこへ行ってくる」

「おい熊」「あぁ兄貴」「すまねえじゃぁねぇ。心学の話をいたしましょう。奈良の神主、駿河の神主」「なんだいそりゃぁ」

「天災の文句だ」「ああ俺の所は先妻だ」

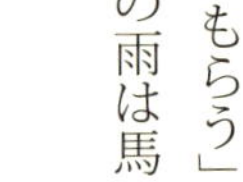
膏薬

亭主から女房へ 離縁は一方通行

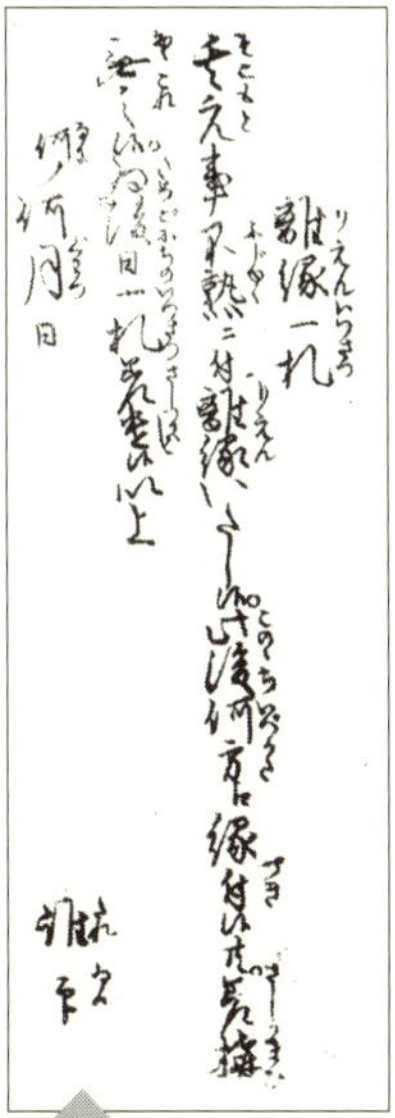

離縁状

◆おかみさんの方から八五郎と離縁するのは原則無理。遠方の縁切寺へ駆け込めば道は開かれるが、最終的に夫に離縁状を書かせねばならなかった。

紅羅坊名丸先生の教え、心学

◆江戸時代中期の思想家石田梅岩《いしだばいがん》が唱えた倫理学で、石門心学《せきもんしんがく》ともいう。正直、倹約といった徳目を訓話を例に分かりやすく説いて、大いに流行った。残念なことに粗忽者の八五郎は体得には及ばなかったが。

天から降る雨なら諦めもつく

小僧のまいた水には腹が立つ

第四十一席●かんかんのう、きゅうろれす

らくだ

【お噺の面々】らくだの馬さん　兄貴分　屑屋　大家　願人坊主

駱駝

駱駝が日本に現れたのは、文政の初めといわれている。からだが大きくて、のそのそしていて役立ちそうにもないところから、図体がでかくて、のそのそしているやつのことを、駱駝のようなといった。この話の主役も馬さんというのが本名のようだが、人にらくだと呼ばれ、おーおなんて返事もする。

なりがでかいだけではなく、大変な乱暴者で、ある日そのらくだのところに、兄貴分というすごい奴が訪ねてきた。すると、らくだがのびている。「野郎、河豚にあたって死にやがった。俺も博打で取られて百*もねえ」

百●銭百文。五目ちらし寿司丼や芝居の幕の内弁当、笹折入り一人分が百文。噺の場面ではすっかりおけらになったの意味。

とんだ災難に遭う屑屋

そこへ「くずーい」。「これはちょうどいい。おい屑屋」「はい、ここはらくださんの御宅では」「そうだ、らくださんは、そこにいる」「よく寝てますね」「ちげえねぇ、もう金輪際おきっこねぇ」「死んだんですか」「河豚に当てられたんだ。何でもいいからこの家のものを買ってくれ」「この家のものは、二年前から何一ついただけないんです。火鉢は、底に鉢巻がしてあって持ち上げれば崩れます。土瓶は、蓋が変わって口が欠けています」「そうか、おめぇこの長屋のことは詳しいんだろう。*月番《つきばん》のところへ行って香典を集めてもらってこい」

「おーおー行ってきたか。もう一ヵ所行ってきてくれ」「親方、勘弁して下さい。商売に行かなきゃ釜のふたが開きません」「行かねえのか」「はい、行きます」「大家のとこへ行って、らくだの死んだことを告げて、通夜のまね事をするから酒を三升、はんぺんに蒟蒻《こんにゃく》、

月番●月替わりで勤めるやり方、当番。五人組でも南北奉行所でも月番を運用。

河豚にあたって

釜

芋を少しからめに煮て皿に二杯、おまんまを食いてえ奴がいるだろうから、米を二升炊いて持ってこいとそういえ。それでな、もしいやだといったら、死人にかんかんのうを踊らすとそういえ」「強情な大家だからこんな話には乗りませんよ」

「どうした」「だめです」「お前、後ろ向け」「わっつめたい」

「いいから歩け。ここだな、大家の家は。さあ、かんかんのうを歌え」

「かんかんのう、きゅうろれす、きゅはきゅでせー」

「わかりました、わかりましたすぐ届けます」というので、しみったれの大家が酒と煮染め、飯を持ってくる。

この兄貴分、八百屋で菜漬《なづけ》の桶をもらってこいという。またまた屑屋は、かんかんのうの一件で桶と縄と、天秤を持ってくる。兄気分に駆け付け三杯だとおどかされて飲んでいるうちに、屑屋の久六あべこべに兄貴分をおどかして焼き場まで運ぶのだが、途中で転んで、らくだの代わりに*願人《がんにん》坊主《ぼうず》を火屋《ひや》へ入れる。

酔って寝ていた願人坊主、「ここはどこだ」。「火屋だ」「冷やでもいいからもういっぱい」

かんかんのう

願人坊主●町中を経巡って門付《かどづけ》をする乞食坊主。謎掛けを書いた紙を各戸に投げ入れて行くこともした。

町内の雑事は月番が担う

◆月番とは一ヵ月ごとに交代で勤めるやりかただが、当番をも指す。今でいう町内会、自治会の役員のようなもので、噺に出てくる香典集めなど、町内の雑事を持ち回りする。

「らくだ」もこうして担がれた？

脅しの決め手かんかんのう

◆唐人の格好をして踊りながら唄った一種の流行歌。「かんかんのう。きうのれす。きうハきうれんす。きうハきうれんれん。さんしょならえ。さァいおう。いんにィくわんさん。いんぴんたいたい。やァあんろ云々」（守貞謾稿）と歌詞は語呂がいい。

江戸時代の棺と喪車

裁きに見る江戸っ子の気性

●親も同然、大家が付き添いお白州へ

　裕福な人が自分の住まいのほかに、土地を買って家を建て家賃を取って貸す。これを管理するのが家守《やもり》（家主《やぬし》）。長屋噺の重要人物大家さんだ。家守は地主に代わって公の決まりを果たし、町の用をし、借り手から家賃を徴収して地主に渡すなどが仕事。江戸期には、訴訟に当たって当人が借家住まいの時は、家守が訴状に連判し、付添人として役所に同行した。呼び出し状を受けて出頭したら、「留まり」という腰掛けで待たされた後、白州に呼ばれる。原告も被告も、砂利に敷かれた筵《むしろ》に座って審議を受ける。

　溜めた家賃のかたに、大家に道具箱を持って行かれた与太郎が訴え出る『大工調べ』は相手が大家だけに棟梁の政五郎が中に入って「白州に出て黒い、白いをつけてやる」と願書をしたためて奉行所へ行くお噺。

■図の中央に見えるのが町内の小さな役所、自身番（江戸名所図会）。捕り物に使う道具などが表から覗ける。橋は日本橋岩本町にあった弁慶橋。

第四十二席●江戸の大工の心意気をみる

大工調べ《だいくしらべ》

【お噺の面々】　大工の与太郎　棟梁政五郎　因業大家　御奉行様

問題の道具箱

「与太、どうしてるんだ、おふくろは」棟梁が心配して与太郎の様子を見に来た。

「墓参りだ」「今度は一年とかかろうという屋敷の仕事だ。道具箱を今日のうちに入れておくと明日は手ぶらで行けるという寸法だ。道具箱がないようだな」「持ってかれた。大家さんが持ってった」「家賃を溜めたな、いくらだ」「一両と八百*」「ここに一両ある、これを持ってってよくあやまってもらってこい」「駄目だよ溜ったのは一両と八百だ」「だから一両八百のとこへ一両持ってくんだ、八百くらいあたぼうだ」

「こんちは大家さん、道具箱おくれ」「家賃の溜った

一両と八百●金一両に銭八百文。金一両は銀六十目(匁)、銭で六千文ほど。溜めた家賃は一年くらいか。

道具がなければ仕事にならない

のを持って来たか。あっ、銭をほうりやがったな。おばぁさん、そっちに行かなかったか。八百たりないよ」

「八百ぐらいは御の字だ。あたぼうだ」「何だと、あと八百持ってこい、渡してやるから」

「棟梁」「おい、道具箱は」「くれない。あたぼうははやらない」「そんなことをいう奴があるか、あれは内証話だ。ついてこい」

「御免下さい」「なんだ棟梁、与太郎のことできたのか」

「へい、今一両しかねぇんで、門限がありますので、道具箱を渡してやって」「駄目だ」「よし、いらねえやい、この丸太ん棒め。お前が今そうやっていられるのも、この町内の人がお慈悲深いからだ。そんなら白州に出て、黒い、白いをつけてやるから」というので、棟梁の政五郎が願書*をしたため、奉行所へ。

　早速お呼び出しがあり、お白州へ。「家主、家賃のかたに、与太郎の道具箱を質に取ったのだな。何故、

願書●訴えの内容を記した文書。訴訟を起こす人を訴当人といったが、訴当人が借家住まいの時は、その家守（大家）が訴状に連判し、役所に同行した。

一両八百のところ、一両持参したのに、道具箱を渡さぬ」「えぇ、たりなく持って来て、あたぼうなどというもので」「ふむ、町役に対して悪口をいったのだな。即刻、後の八百を家主に渡せ、日延べは許さぬ」

　家主は八百を受け取り、再び白州へ。「八百は受け取ったか。家主は、与太郎がその方《ほう》の家まで、道具箱を持参いたしたと申したな」「へい、与太郎が持ってきました」「その方は、*質株を持っているのか」「いえ持っておりません」「なに、質株を持っていない。質株のない者が質物を預かる時は、重き刑に処するところであるが、特に今回は許す。与太郎は親孝行者、それが稼げぬようにしたのであるから、その手当てをしてつかわせ。政五郎、大工の手間は今どのくらいだ」「へい、今は高い上に、こいつは腕が良いんで日に、*十匁《もんめ》」「すると二十日で二百匁、金子に直すと、三両二分。これを家主は与太郎に与えよ」

　再び白州へ出て、「受け取ったな、これで一件落着。これ政五郎、一両と八百で、三両二分とは儲かったな、さすがは棟梁」

「へい、調べをご覧じろ」

質株●質屋を営むには質屋株ともいう株が必要。大岡忠相在任中には江戸中に二千七百余軒の質屋があり、新規加入をするには空き株を買う必要があり、株のない者はもぐり。

十匁●これは相場の二、三倍。政五郎が勢いづいて吹っかけたものだ。銀六十匁が金一両。

大工の手間賃と家賃の相場

◆政五郎はお奉行に与太郎の手間賃は日に十匁と答えているが実際はその半分の銀五匁ほど。一方九尺二間長屋（三坪）の店賃《たなちん》もほぼ同額。溜めた家賃の金一両は銀六十匁、ざっと一年分に当たる。

道具は飯の種

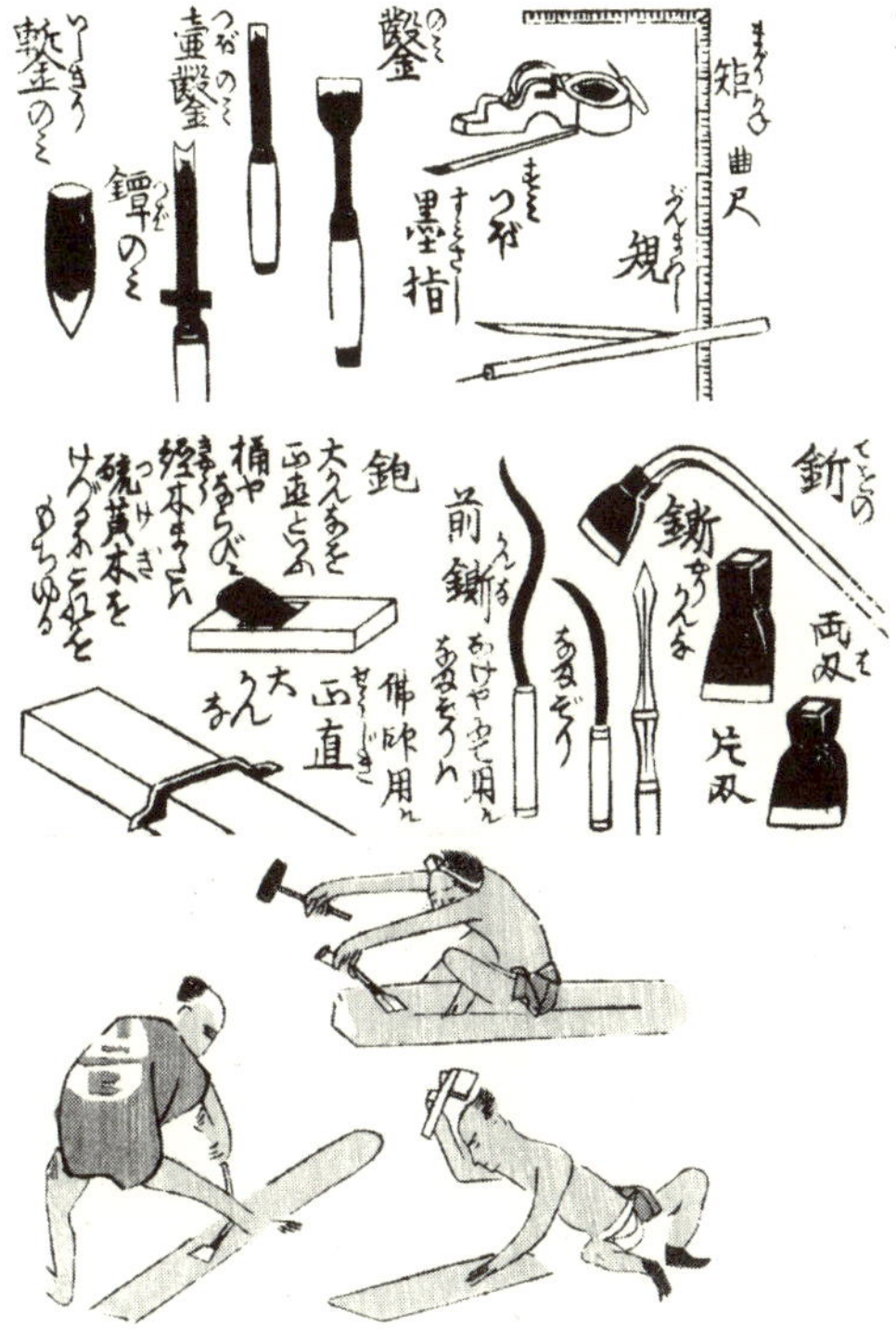

南北町奉行所とお裁き

◆江戸の町奉行所は南町奉行所、北町奉行所の二ヵ所あり、大岡越前が在任した南は数寄屋橋内にあった。江戸の町の南半分を分担したわけではなく、全域を月番制によって北と交代で管轄。当番に当たる奉行所が訴訟、請願を受理する仕組み。ちなみに非番の奉行所は当番月に受けたものを精査したりした。

第四十三席●江戸っ子は銭を持たない

三方一両損《さんぽういちりょうぞん》

【お噺の面々】 左官金太郎　大工吉五郎　吉五郎の大家　金太郎の大家　大岡越前

三両入っていた！

「おっ、いやな物が引っかかったな、財布だ。書き付けと印形《いんぎょう》と金が三両入っている。＊竪大工町《たてだいくちょう》大工の吉五郎か、届けてやろう」と、落とし主を訪ねる金太郎。「おや、鰯で飲んでやがる。おい、お前今日柳原＊で金を落したろう」「落としたとこがわかれば自分で拾ってくる」「それやぁそうだが、持って来てやったから受け取れ」「なにを、書き付けと印形はもらっておくが、金は俺の物じゃねぇ。持って帰ってどっかで一盃飲め」「なにを、そんな金が欲しくて神田くんだりまで来るか」「おう、優しくいっているうちに持って帰れよ、まごまごしていると横っ面を張り倒すぞ」「やってみ

書き付け

竪大工町●神田竪大工町。火消人足が使う白塗りの纏《まとい》を町の角にあるただ一軒だけが作っていた。道を挟んで横大工町や鍛冶町などがある職人の町。

左官と大工が意地の張り合い

ろ。この野郎、やりやがったな」
「大家さん来て下さいよ、吉のとこでまた喧嘩です」
「なんだなぁ、お前さんも吉の気が短いのを知っているだろう。拾った金を届けに来た、それをこいつが殴った、とんでもねぇ野郎だ。受け取りにくくても、ここは一応受けておいてだ、明日手土産でも持って礼に行くのが道筋だ。お前さんも今日のところは勘弁して、帰っておくれ」
「おや金太郎じゃぁねぇか。いつもはきれいにしている頭が今日はずいぶん乱れているな、江戸っ子らしくもねぇ」「それがね、金を拾って届けて喧嘩になっちゃった」「そそくれた下駄を履いているからそんな災難に遭うんだ」「それで向こうの大家が仲に入って相手を謝らせたから帰って来た」「おう、それでお前は立ったかも知れないが、お前の大家の俺の顔はどうするんだ、立たないじゃねぇか」「立てにくいや、丸顔

柳原●浅草橋御門から神田川に沿って西に続く土手。土手下には宮芝居の小屋もあった。

だから」「何をいってるんだ、俺が願書*をしたためてやるから訴え出ろ」

　金太郎の大家の計らいで、奉行所に訴え出ることになった。

「神田竪大工町大工吉五郎、白壁町左官金太郎、並びに付添一同そろいましてございます」

「吉五郎、さる日、柳原で財布を落とし、届けた金太郎を打擲《ちょうちゃく》に及んだか」

「だからね、こいつにいったんです、金を持って行かないと殴るぞってね。するとこいつが殴れるものなら殴れって」「何故金太郎はそのおり金子を持ち帰らない」「おい、変な理屈をいうね、拾った物は自身番《じしんばん》にでも届けろというのが上役人だ」「もっともだ。ではこの金は両人ともいらぬな。ではこれに一両添えて、正直の褒美として二両ずつ渡すがどうじゃ」「町*役代わりまして頂だいいたします」

「これを三方一両損という。吉五郎も金太郎もそのままなれば三両ある、それが二両になり一両損をした。奉行も一両出した、三方一両損。これこれ、膳部を取らせる」

「おっ、炊きたての飯だ、鯛の尾頭付き、うめえな」「両人の者、食し過ぎるな」「たんとは食わねぇ、たった越前（一膳）」

願書●訴えの内容を記した文書。『大工調べ』では棟梁の政五郎がこれをしたためた。

町役●大家さんや地主のこと。大家は地所の管理の他に公用や町用を勤め、自身番所にいて非常の事態に備えた。

膳部のお運び

三両も入っていた財布と、紙入れ

財布
紙入れ

◆財布は布か皮製で、紐で口を綴じる巾着のようなもの。『芝浜』で魚屋が拾うのもこれ。紙入れは元来鼻紙入れの略で箱型。鼻紙、懐紙などの小物入れだが、小判などの高額貨幣入れにも使われた。

町内の小さな役所 自身番、番小屋

自身番の備品
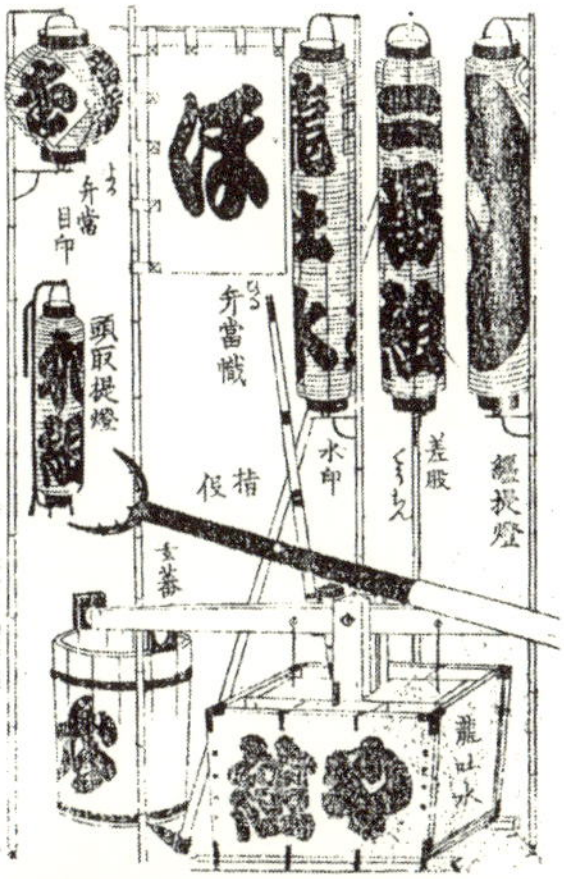

◆自身番は各町内の四つ角にあるいわば交番のようなもの。町内の家主が交代で詰めて町の警備や火の番を担った。財布を拾った金太郎が白州でいったように「拾った物は自身番にでも届けろ」ということになる。番小屋も四つ角にあって、番太郎《ばんたろう》と呼ばれる番人が住み込んで町内の雑用を受け持っていた。

木戸と番小屋

江戸時代の春夏秋冬

●年明けに、春がやってくる江戸時代

江戸の春は旧暦の一月、二月、三月。初尽くしのお正月、二月は初午にお花見、三月は雛祭り。夏は四月、五月、六月。花祭りも端午の節句も夏。秋は七月、八月、九月。七夕もお盆も、月見も八月十五夜も秋。江戸時代の冬は一陽来復《いちようらいふく》前のあわただしい時期。大晦日は一年の総決算

■文化年間に出た十返舎一九作『串戯二日酔』にある、掛取を茶にする図。第五十席の掛取万歳をまさに絵にしたようだ。

日。お盆に待ってもらった勘定は、どうしても十二月の晦日には決着をつけなければ世間が許さないので、誰しもがあわただしかった季節だ。

●噺のなかの春夏秋冬

めでたい初夢をもたらす「宝舟」。「お宝、お宝」と呼び歩く宝舟売りが登場するのが『かつぎや』。桜の時季になると、上野のお山には『花見の仇討』やら『長屋の花見』連中が繰り出す。涼み舟が行き交う隅田川、花火でごった返す橋の上では『たがや』の事件だ。いよいよ年も押し迫ると『掛取万歳《かけとりまんざい》』よろしく、方々で掛取を巡る攻防戦。これを無事にしのげば春が来て『御慶《ぎょけい》』と相成る。

第四十四席●めでたさも御慶がいえる程がよい

御慶《ぎょけい》

【お噺の面々】 八五郎　かみさん　富札売り　辻占　大家さん　留さん

縁起の良い鶴の札

江戸時代には富*というものが大変流行った。目的は神社仏閣を建てたり、立て替えたりする金を集めるためだったが、盛んになれば、それを目当てに暮らしをしようという人物も出てくる。そこで、しまいには富をしてはいけないということになるのだが、これはそんなことにならない頃の話。

「おっかあ、いい夢を見たんだ、何とかしてくれ」「何とも出来やぁしないよ」「そこを」「何にもない」「その着ている半纏《はんてん》を貸せ」「これはいやだよ、おっかさんの形見だもの」「形見だって着てればお前の物だ、貸せよ」「いやだよ」嫌がるのを無理に脱がして質に

富●富くじ。宝くじのようなもの。大きいのは千両、五百両、小さいのは百両。文政中に盛んで、幕末には廃止されている。

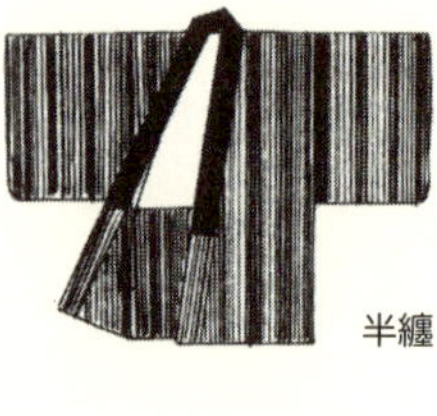

半纏

正月風景

入れ、富の札を買いに来た八五郎。「お望みの番号がございますか」「大ありよ、昨日いい夢を見たんだ。鶴が梯子《はしご》に止まっている夢よ。そこでだ、鶴は千年ていうだろ、だから鶴の千、梯子だから、八百四十五番だ」「はぁ、それは今買っていかれました」「やだなぁ、俺の番号を、買ってった。こりゃ来年もだめだな、人に幸せを取られるようじゃ」

ぶつぶついいながら歩いていると「これこれ、そこへ行く人」と*辻占《つじうら》に呼び止められる。「俺か」「どうなさいました」「これこれこういうわけだ」「ほう、それは見徳《けんとく》違いですな」「どう違うんだい」「梯子は下りる物か登る物か」「よせよ、こんなとこで問答したって始まらない」「だから、お前さんが二階に居た時に、梯子をはずされたらどうする」「こちとら江戸っ子だ、飛び降りる」「さようか。では、二階に梯子がない時はどうして登る」「こちとら江戸っ子だ、ひょいと飛

辻占●路傍に立って行者の言葉を使って占うもの。泉州堺の清明ヶ辻はその古跡という。

び上がれねぇ」「それ御覧。梯子は登る時にいる物だ。だから、鶴の千、五百、四十、八番となる」「なるほど」「おいおい、見料」「後でやるよ」「おい、鶴の千五百四十八番てぇのはあるかい」「ほうございます」「そいつだ」てんでこの番号を買うと、突止《つきど》めの千両に当たる。「今だと二百両引かれますが」「かまわない、八百両おくんなさい」

「おい、戸を締めちめぇ」「どうしたの」「千両富に当たったんだ」「あらちょいと、だからあたしがそういうでしょ、富くじは買わなきゃだめだって」「さっき富なんか買っちゃいけないって」「いいんだよ」「お前も春着を買え、おれもこれから買ってくる」と袢から着物まですっかりそろえ、刀まで買い求めて正月を待つ。

さあ元日の朝は一番で大家さんのところへ行き、このなりを見せると「お、お随分立派になったな」。「お目でとうございます」「そんななりでそれではおかしい、御慶とやりな」「御慶」「それでな、まぁ御屠蘇《おとそ》でもといわれたら、春永《はるなが》というところで永日《えいじつ》とやる」「よし、留のとこへ行ってやろう。おい留」「おや、まだ片付いてないから」「いいからやってくれ」「おめでとうございます」「御慶」「まぁお上がりを」「永日」

突き止めの千両●富興行の最後に突かれた札が一番富、一等賞の千両だった。ただし千両はまれで、多くは百両。

縁起を担ぐ富札の種類

◆富札は一組一千枚から三千五百枚で、鶴亀、松竹梅、七福神、春夏秋冬などの組がある。前後賞と組違いもあり、仮に鶴の千五百四十八番が千両に当たれば両袖付といって前後の札に賞金が出るし、同番号の「亀」でも印違いで小金が出た。

富突き

年始回りの装いとしきたり

◆『守貞謾稿』によれば「江戸の市民は麻裃を着け、手代、丁稚、挟箱《はさみばこ》持ちを伴って年始回りをする。大中の家の者はこうするが小さな家の者はこれを略す」とある（左図参照）。挟箱持ちは鳶の者などが担い、箱には年玉の扇などを入れた。

年始回り

第四十五席●呉服屋で七福神

かつぎや

【お噺の面々】 呉服屋の五兵衛　権助　番頭　小僧の定吉　早桶屋の四郎兵衛
陰気な宝舟売り　陽気な宝舟売り

宝船

呉服屋の五兵衛は大のかつぎや。何でも縁起の良いことを聞いていれば喜んでいる。元日の朝、権助を呼んで「新玉《あらたま》の年立ちかえるあしたより*若柳水を汲み初めにけり、わざっとお年玉、といって橙《だいだい》を井戸に入れるんだ」と教えて若水を汲みに井戸へやる。
「やってきたか」「言葉を少し間違えた」「どんな具合に」「目の玉のでんぐり返るあしたには末期の水を汲み初めにけり、わざっとお人魂」「みんな違っているよ、お前のような奴は家に置いておけないから出ていけ」
「そんなら来月の四日までおいてくれ。ちょうど

若柳水●若水。元日の朝汲んで、これで顔を洗う。次に福茶を立てて主人から順に使用人の末までこれを飲む。

若水

呉服（五福）屋

三十五日だ」

五兵衛が怒ると庭に飛び降り、木の陰にいる。

「何をそこでしてるんだ」

「草葉の陰から手を合わせています」

雑煮を祝う段になり、番頭が進み出て「旦那様、餅から釘が出まして、おめでとうございます。この家はますます繁昌、金持ちになります」というと、またまた権助は「何いってるだ、このおべっか野郎。金から餅が出たら金持ちだ。餅の中から金が出たのなれば、この身代は持ちかねるだ」と言い出す始末。

今度は年賀の客の帳面を付けることになり、小僧の定吉に読ませる。手短かに縮めて読めというと、天満屋の勘次郎さんが「てんかん」、油屋の九兵衛さんが「あぶく」。番頭が見かねて代わり、「鶴屋の亀吉さんで、鶴亀とおつけ願います」と悦ばしているところへ、幼なじみの*早桶屋《はやおけや》の四郎兵衛が来て、正月早々去年死ん

早桶屋●早桶は菜漬けの樽を大きくしたような庶民の棺桶。急ごしらえで間に合わせるので早桶。

だ建具屋の伊之吉の墓参りに行ったという。今年はお前の番だともいって、お人魂を置いていく。

二日の夜は宝舟を売る人が町々を歩く。「お宝、お宝」と呼んで来るのを呼び込み、宝舟はいくらだと聞くと一枚*四文《しもん》だという。十枚では、四十文、百枚では、四百文。旦那は怒り出し、「し」の字がいやだから買わないというと、舟屋はぐちをこぼす。去年かかあに死なれ、乳飲み子を抱いて腰がぬけたという。おまけに口明けに売れなければ今日は売れないだろうから、この家の門松で首をくくるという。番頭がいくらかやって帰す。遠くでまた「お宝、お宝」の声を聞いた番頭は、そっと出て家の手前で宝舟屋を呼び止め、「この先の呉服屋へ来てくれ。さっきのやつが四文でしくじったから、しの字に気をつけて、めでた尽しでやってくれ」と頼む。

「番頭さん、舟屋さんは」といっているところへ、くだんの舟屋が「へいこんばんは。宝舟がただいま着きました」とくる。

「宝舟が着いたは、うれしいねぇ。一枚いくらだ」「し、いえ、よ文でございます。十枚で、よ十文、百枚で、よ百文」「全部買ってあげたいが何枚持っている」「旦那さんの御寿命ほど」「一体それは何枚だ」「千枚ほど

四文●幕末には一文通用もできたが、大方は四文通用だった銭。一枚で買えたものは饅頭や駄菓子。覗きからくりも見られた。

もありましょう」「あたしを鶴に見立ててくれるとはうれしいね、ゆっくり遊んでおいで」「へい、今ここに顔をお見せになったのは」「家の娘だよ」「器量のよい弁天様で」「おいこれは娘の弁天賃だ」「旦那は大黒様。これで七福神がそろいました」「まだ二福だ」「ご商売が呉服（五福）です」

江戸時代の正月飾り

◆図中の正月飾りは京坂では蓬莱《ほうらい》、江戸では食積《くいつみ》という。三方の中央に本物の松竹梅を置き、裏白《うらじろ》、ゆずりはなどもそえる。京坂では床の間に置く。

正月飾り

宝舟でかなえる一富士二鷹三茄子

◆宝舟は七福神や宝畫などの図に回文が刷り込んである。文面は「なかきよのとおのねふりのみなめさめなみのりふねのおとのよきかな」。

宝舟

第四十六席●本物の侍で敵はびっくり

花見の仇討《はなみのあだうち》

【お噺の面々】建具屋の半公　巡礼兄弟の富さん　芳さん　侍　六部の八つぁん

花見

建具屋の半公《はんこう》の家で、花見の出し物が決まる。浪人者を巡礼兄弟が敵討ちをする、そこへ分けて入るのが*六部で、敵、敵では切りがない、まず粗酒など一献ときて、皆でかっぽれの総踊り、といった趣向。

前の晩に立ちまわりなど手順をあらかじめやっておき、翌日、半公は浪人者のこしらえで、やれた羊羹色の黒羽二重《くろはぶたえ》の五所紋《いつところもん》、白献上《しろけんじょう》の帯、はげた朱鞘《しゅざや》の大小に深編笠というでたちで、早々に上野の山の清水堂の近くの桜の根方で、たばこをふかしている。

巡礼兄弟は富さんに芳さん。*御成街道《おなりかいどう》で仕込み杖をふり回し、立ちまわりの稽古をしていて振りかぶった

六部●六十六部。諸国の神仏を順拝する人で、回国とも、略して六部ともいう。

御成街道●上野の山にほど近く、界隈には武具や矢羽を扱う店が多くあった。ペルーが来て以来、こうした店の武具が飛ぶように売れたという。

巡礼兄弟に敵討ちされる浪人者

瞬間、お武家様の頭を打ってしまう。「無礼者、そこへなおれ。手打ちにいたす」。仲間の侍が分けて、「貴殿は酒が入ると気が荒くなっていけない、まず取り調べて」と見ると、片方の巡礼の杖から光るものがのぞいている。

「その方らは大望のある身ではないか」「親の敵を討ちにこれから上野の山に行きます」「うーむ、武士道もまだ地に落ちていないな、早く行け」

助太刀をしてやるとまでいわれ、二人は慌てて駆け出してくる。

「あーあ来やがった、何をうろうろしてるんだ。おーい、ここだここだ」「おい、敵が呼んでるよ」

巡礼は浪人のそばに近寄り、「卒爾《そつじ》ながら火をひとつお貸し下され」。ぽーんと煙管《きせる》をはたくと、火玉が落ちてそれに煙管を近付けながら深編笠の浪人の顔をみて、「いやあやあ、汝は七年以前父を討った、黒煙

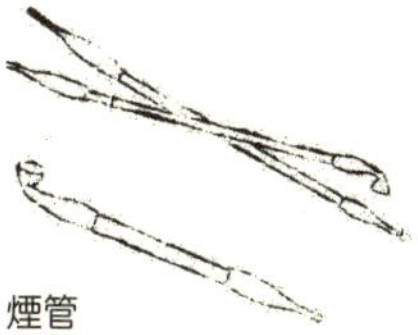
煙管

五平太よな、いざ尋常に勝負、勝負」。「なに、返り討ちだ」と斬り合いになる。「おーい、敵討ちだー」と人だかり。やってる浪人と巡礼はくたびれてくる。「おい六部が出てこないじゃないか」

「変な敵討ちだ、敵どうしで何か話しているようだ」

六部は来るわけがない。途中で耳の聞こえないおじさんに捕まり、回国*するとはとんでもない、とおじさんの家に連れられ、おばさんにいおうとするがいない。しかたなく持っていた酒を飲ませて寝かしてしまおうとしたが寝ないで、六部の八つぁんが大いびき。

そのうち人だかりの中から先ほどの武家が出てきて、「おう巡礼兄弟、敵に出会ったな。それ、相手はすきだらけだ、目をつぶって突いていけ、そこだ」

「おい助太刀なんか連れてきちゃ困るじゃないか」

「うん、しょうがないんだ、あきらめて討たれてしまえ」

「冗談じゃあない、俺は逃げ出すぞ」「じゃあ俺も」と、敵同士で逃げ出す。

「これこれ巡礼、試合は五分と五分だ」

「いえ六部がまいりません」

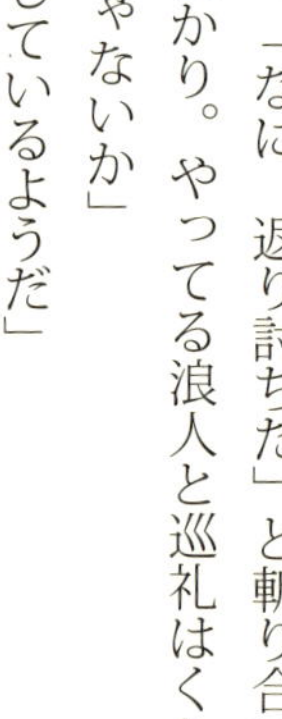

六部

回国●独特の笠を被り、仏像の入った厨子を負い、諸国を順拝する。

春最大の行事　お花見

花見の宴

◆盛大な並木桜を愛で楽しむお花見の名所は、上野東叡山《とうえいざん》、飛鳥山《あすかやま》、向島《むこうじま》。いずれも官民の差はあれ江戸期に植林されたもので、今に続いている。

偽者も多かった　六部と巡礼

偽巡礼

◆諸国を順拝する西国巡礼や六十六部には実際に参詣の人もいるが、装いを真似て金品を乞う人も多かった。四国八十八カ所を巡る四国遍路には偽者はいなかったという。

第四十七席●町人と侍の争い

たがや

【お噺の面々】侍　その家来　中間　たが屋

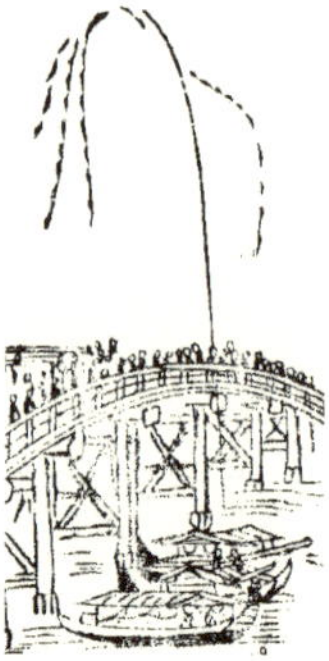

たがやー！

川開きの日に、ごった返している両国橋を本所の方から供を連れ、*中間《ちゅうげん》に鎗を持たせた侍が橋の上を通る。

「よれー、よれー」

「いけね、侍だよ。何もこんな込んだところにこなくったていいじゃねぇか。寄れったって、これ以上は寄れないよ、後は川だ、川に入れ、何をいってんだい」

*両国広小路の方からは、たが屋が道具箱にたがの端を掛けてやってくる。「いけね、もうこんなに人が出てたか。すいません通して下さい」「いてえなぁ。こ

中間●足軽、小者の中間にあたる武家の奉公人。雑用係といったところ。

両国広小路●両国橋西詰めの広小路。江戸随一の盛り場で、食べ物商売や見世物などでふだんから賑わった。『幾代餅』の店もここに出した。

馬上の侍

の人込みにそんなでかいものを担いで入ってくる奴があるかよ、いて」

あっちで小突かれ、こっちで突き飛ばされ、ちょうど向こうから来る侍の前に出てしまう。寄れ、寄れといわれても寄るわけにもいかず、よろよろとした弾みに、道具箱の先に掛けてあった「たが」が跳ねて、するするとのび、馬上の侍の笠をたたいた。笠の端がたたかれたので、笠は空高く舞い上がり、頭には台だけが残っている。

普段から気に入らない侍が、夏の楽しみの川開きをじゃまをしたとばかり、「やいさんぴん、何だってこの混雑の中へへぇってきたんだ」物を投げる奴が出てくる。

家来がたが屋に、「無礼な奴、屋敷まで来い」。

「どうぞ勘弁をして下さい。あっしが帰らねえと、腰の抜けた親父と、目の見えねぇおふくろが路頭に迷い

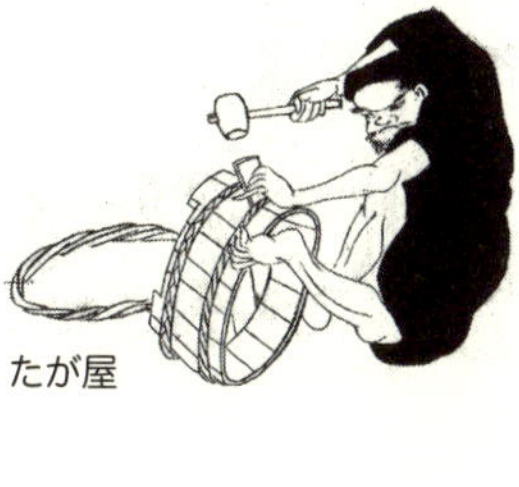
たが屋

ます、どうかご勘弁を願います」「ならぬ、屋敷に参れ」「屋敷に行けばあっしの首はついちゃいません。親孝行のために、勘弁を」「ならん」「こんなにあやまっても駄目なのかい、いらねぇや、この丸太棒《まるたんぼう》め。血も涙もねぇ奴だから丸太棒というんだ」「手は見せんぞ」「見せたくなきゃしまっとけ」「二本差しが目に入らぬか」「そんな物が目にへぇるかい。気のきいた鰻なら五、六本指している」と、応酬するたが屋。

　馬上の侍が「斬れ」と下知《げち》をしたので、供の侍が、がちゃがちゃと刀を抜いて斬りかかる。たが屋は、ひょいと身をかわして、侍のきき腕に手刀を打つ。ぽろりと落としたのを拾いあげて、えいっ、斬りつける。もう一人が斬りかけると、またまた、えいっ、と斬り捨てる。怒った馬上の侍が、中間に持たせていた鎗を取り、たが屋にねらいをつけて、「下郎」とばかりに突き出したが、もうやけくそ、たが屋は度胸が勝っているから素早い早さで出てきた鎗の千段巻《せんだんまき》のところを、えーいっ、てんで斬っちゃう。刃がない鎗では仕方がないと、馬上の侍は切り払うように刀を振り下げたが、すこうしだがこれが遅かった。たが屋は飛び上がるように侍の首をすぽん、とはねる。見ていた奴が「たが屋ー」。

二本差し

夏の風物詩 両国川開き

◆陰暦五月二十八日が浅草川（隅田川）の川開き。この夜初めて両国橋の南側で花火を揚げ、見物の舟がたくさん出るし、陸からも見物人が大勢集まった。見世物小屋や寄席の席などはこの日から夜も開けた。

両国川開き

事件の主役 たが屋とは

◆たが屋は桶樽の壊れたのを直し、たがを新しくする職人。輪替えともいう。小僧を使って近所を回らせ、集めて来た桶樽を自宅で直したり、一切の道具を持って直し歩く者もいた。

たが屋の道具

第四十八席●有象無象と半公の戦い

汲みたて《くみたて》

【お噺の面々】長屋の暇人二人　鉄つぁん　与太郎　建具屋の半公
小唄の師匠　肥舟の男

長屋の暇人を男が訪ねる。「おいいるな、行ってるかい師匠のとこへ」「うん稽古に行ってらあな」「何をやってんだ」「将門」「ありゃぁ春上がった時にやったんじゃないか、まだ上がんないのか。おれは声の方はだめだから、三味線を習うことにした」「よせよ、あれは女の子か、そうでなけりゃぁ、ちょいと小意気な男が弾くからいいんで、おめぇがやれば鬼に棕櫚帚《しゅろぼうき》だ」「ひでえことをいうない、鬼が十能《じゅうのう》てのはあるが、鬼の棕櫚帚なんて。三味線は得だと思って始めたんだ。何でったって、唄の時は見台《けんだい》があって師匠と差し向か

棕櫚

夏の楽しみ涼み船

いだ。三味線の時は見台を脇へやって、わかんないとこなんかは指やなんか、こうおさいて」「つまんねぇ勘定づくで始めたんだな」「こねぇだなんか撥《ばち》で殴られた」「ひでぇことをするじゃぁねぇか、何も商売にしようというわけじゃねぇのに」

「その日は、師匠が今日はあたしが前で聞いてますからと見台をどけた。するといつものように立て膝をした。そうすると腰巻きが見えてね、それを吹いた。下に夢中で、ふうふうやっていたらぱちり、参った」

「ご開帳をただで見ようとして罰があたった、つまらねぇ落とし話だ。おうおう、そこへいくのは鉄つぁんじゃぁねぇか」

「なんだい、また師匠のうわさか。よしなよしな、師匠にはもう好い人が決まってるんだから」「誰だその相手は」「建具屋の半公だよ、あの色のなまっちろい」

「うそだよ、おうあそこへ与太郎が来た、聞いてみろ。

見台

あいつは今師匠とこへ泊ってんだから」

「おい与太、どこへ行くんだ」「*柳橋から舟に乗って行くんだ、涼みに。師匠と半さんと行く」「なにを、一言ぐらい声をかけたっていいじゃねぇか」

「有象無象《うぞうむぞう》に知れるとうるさいからって、そいでね、黙って行く」

「ようし、じゃあじゃましに行こう」ということになり、*馬鹿囃子《ばかばやし》の支度をして舟を出す。

「半さん何か唄いなさいよ」「うん、じゃあ」と唄い出すと、「すけてんてん、どどんどどんちゃんちきちゃんちき、ぴきぴっぴ、ぴきぴっぴ、どこどんどん、どこどんどん」。「騒々しい舟が来たね、上手へ舟をやってくれ」。

今度は*都都逸《どどいつ》を唄い出すと、「すけてんてん、どこどんどこどん、ぴきぴっぴ」。半公たまりかねて顔を出すと、「あっ、出てきやがった。何で俺たちにあいさつもなく勝手な真似をするんだ」。「なにをいいやがんだ、師匠をどうしようと俺の勝手だ、てめえ達の指図は受けねぇ」

「なにをこの野郎、くそでも食らえ」「持ってこい」

そこへ肥舟《こえぶね》がすーと間に入り「はは、汲みたてがあるがいっぺぇ、あがるか」。

柳橋●二十軒ほどの船宿があり、川遊びの客に船を供する。屋根船の船賃は山谷堀までこぎ手一人三百文。二人四百文。

馬鹿囃子●笛にのって鉦や太鼓を打ち鳴らす祭りのお囃子。ちゃんちき、どこどんどん。

都々逸●宴席などで唄われ、その多くは恋の歌。「あきらめましたよどうあきらめた、あきらめられぬとあきらめた」。

目当ては師匠

師匠目当てに稽古屋に行く

◆町師匠の出てくる落語は多い。『あくび指南』は男だが、『百川』『派手彦』『猫忠』それに『汲みたて』などは女の師匠。稽古を口実に美貌の師匠を拝みに行く男連中が後を絶たなかったようだ。

夏の夜の楽しみ涼み舟

◆与太郎がいう柳橋から乗る舟は屋根船。市民の納涼の舟として親しまれ、隅田川をあちこちしたり両国橋に繋いで涼んだ。声色だけの芝居などを行う陰芝居一行の舟も出ていて川面はにぎやかだ。

涼み舟で賑わう川開きの両国橋

第四十九席●逃げるから東方朔

厄払《やくはらい》い

【お噺の面々】与太郎　おじさん　玄人の厄払い

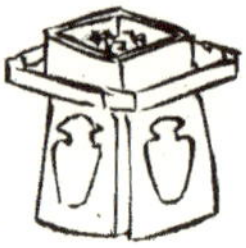
節分

遊んでばかりいる与太郎をおじさんが呼びにやり、節分だから厄払いに行って来いという。与太郎は、厄払いをどうやってやるのかわからない。豆とお金をもらって、厄払いの口上《こうじょう》をいうんだという。豆は食べてはいけない。それは後で使いみちがあるというと、与太郎はそれを知っているという。どうするんだと聞くと、焼き豆腐にするんだという。

口上になると、口移しに教えてもらっても、さっぱり覚えない。仕方がないから、その口上を紙に書いてもらって出かけるが、誰も呼んでくれない。威勢よく、「御厄払《おんやくはら》いいましょう厄払い、御厄払いましょう厄払い」

年越し

とうまい呼び声の厄払いの後をついていくと、ついてきちゃぁ駄目だとおどかされる。

やっと呼んでくれた家で、「ああら、めでたいなめでたいな、今晩今宵の御祝儀に、めでたきことにて払おうなら、まず、一夜明ければ元朝の、門に松竹しめ飾り、床にだいだい鏡餅、蓬莱山《ほうらいさん》に舞い遊ぶ、鶴は千年、亀は万年、*東方朔《とうぼうさく》は八千歳、浦島太郎は三千年、*三浦の大介百六つ、この三長年が集まりて、酒盛りいたす折からに、悪魔外道が飛んで出て、さまたげなさんとするところを、この厄払いがかいつまみ、西の海へと思えども、蓬莱山のことなれば、須弥山《しゅみせん》の方へ、さらりさらり」という言葉を読みあげようとするが、読めない字が出てくる。それを聞いて亀はよろず年といったり、全然厄払いのようにはいかない。

その間に、もらった豆を食べたりしていたが、

蓬莱の島台

東方朔●三千年に一度花を咲かせて実を付ける、一つ食べれば三千年の寿命を保つ桃を東方朔は三つ盗んで食べたという。

三浦の大介●三浦義明。相模国住、平安末期の源氏の武将。享年は百六歳ではなく八十八。

うまいことといかないのは仕方がない。どう考えてもわからない文字まで出て来てしまう。あまり長い時間失敗ばかりしているので、もう家の人は厄払いのいることさえ忘れてしまう。そこは律儀者の与太郎は、何とか読もうとする。しかし、またわからない文字が出てくる。

今度は聞きようがない文字。東方朔の朔の字がどうやって聞いたらいいかさえわからない。そこで、何とかごまかそうと「東方、東方、東方」とくり返してみたが、次をどういうのかはわからない。

「こりゃ駄目だ、東方、東方……」この言葉をくり返していると、家の中では、「おい、まだ厄払いがいるよ。しょうがないな、何しているんだい」

「困ったな、東方、東方、東方、ああ字がわからない。このまに逃げちゃおうか、よし逃げちゃえ」てんで、逃げ出してしまう。

「表が静かになったなぁ、やぁ、厄払いが逃げていく」

御主人がそれを聞いて、「なるほどさっきから、逃亡、逃亡といっていた」。

東方朔

よし逃げちゃえ

厄払いの口上 京坂と江戸

◆京坂の厄払いは「厄払いましょう」、江戸は「御厄御厄」と御の字を付けて唱えるが、続く口上は色々ある。京坂の一例は「ああらめでたいなめでたいな、だんな住吉御参詣、反り橋から西をながむれば、七福神の船遊び、中にも戎という人は、命長柄の竿を持ち、めぎすおぎすの糸を付け、金と銀との針をたれ、釣りたる鯛が姫小鯛、かほどめでたき折からに、いかなる悪魔きたるとも、この厄払いがひっとらえ、西の海とは思えども、ちくらが沖へさらり云々」。

厄払い

正月と重なることもある陰暦の節分

◆厄払いがやって来る節分は、いうまでもなく立春の前日。この日は、明治になって陽暦に改めるまでは年初に当たることも多く、まさに「新春」だったわけだ。節分には柊《ひいらぎ》を取って軒門に差し、邪気を払った。

第五十席●芸で借金の言い訳

掛取万歳《かけとりまんざい》

【お噺の面々】 芸達者な長屋の住人　狂歌好きな大家　喧嘩好きな魚屋
芝居好きな酒屋の番頭　三河万歳好きな三河屋の旦那

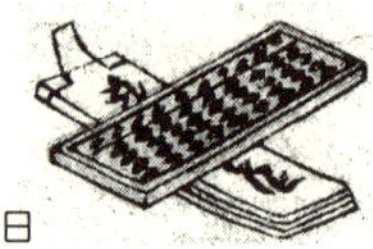
大晦日は厄日

江戸時代の大晦日《おおみそか》というのは、長屋の住人にとっては厄日。一年の付けを払う日だから取る方だって首でも何でも取ってこようという心持ち。払う方も首でよければ出そうという気分。当家の主はそんななまやさしくはない。言い訳を借金取りの好む事で、片付けてしまおうという太い奴。

狂歌《きょうか》が好きな大家さんが来ると「貧乏をすれどこの家に風情あり、質の流れに借金の山」など貧乏尽しの狂歌で帰してしまう。

魚屋の金公は、喧嘩好きと聞き、向こう鉢巻で出迎

向こう鉢巻

掛取

え、「払いたくても一銭もねぇ」とたんかを切って、「勘定をもらうまでは一寸もうごかねぇ」といわせてしまう。「男がいったん歯から外に出した言葉だ、勘定をもらうまではそこを動くな」「おいよしてくれ、おれはお前の家だけで商いをしている訳じゃあねぇ」「動くのか、勘定は受け取ったんだな」「ええ面倒だ、もらったよ」「じゃあ受取を出せ、判を押せ、礼をいえ」と追い返す。

義太夫《ぎだゆう》好きの大坂屋の旦那は義太夫で帰ってもらい、芝居の好きな酒屋の番頭が来ると大仕掛けになる。「お掛取様のおいりー、お掛取のおもむきを、この家の主八五郎に仰せ聞かせ下さりませー」と平伏。「余の義にあらず。月々たまる味噌醤油酒の勘定、大《おお》晦日《つごもり》のことなれば、受け取ってこいとの、主人けち兵衛の厳命。上使*のおもむき、かくの次第」「心やばせと商売に、浮御堂《うきみどう》やつす甲斐もなく、膳所《ぜぜ》はなし、城

上使●江戸幕府から朝廷や諸大名のところへ将軍の命令などを伝えるための使者。けち兵衛の使いで来ただけなのだが。

義太夫

は落ち、堅田《かたた》に落つる雁《かりがね》の貴殿に顔を粟津のも、比良の暮雪の雪ならで消ゆる思いを推量なし、今しばし唐崎の」「松でくれろという謎か」てなことでこれも退散。

「今度は三河屋の旦那だよ、何が好きだ」「三河萬歳《みかわまんざい》だよ。あの、ほら正月に来るだろ」「矢立《やたて》に帳面手に持って、勘定取るとは、さってもォ、ふとい三かァわァ屋どん、そんそん」

「なにがそんそんじゃ、勘定取るのがなにが太い。あァわしが萬歳が好きじゃによって、萬歳で言い訳をしようという。うん、こら面白い。待ってくれなら待っちゃろか、待っちゃろか。待っちゃろかァと、申さァば、ひとつきィか、ふたつきか」「なかァなァかそんなァことでは勘定なんざァできねぇ」「できなけれェばァ待っちゃろか、待っちゃろかと申さァば、ずウッと待って一年か」「なかァなァかそんなァことでは勘定なんざァできねえ」「七十年か、八十年」

「なかァなァかそんなァことでは勘定なんざァできねえ」

「馬鹿ァいうもんではねぇ。そんじゃあいってえ、いつ払えるだ」

「あァら百万年も過ぎてのち、払います」

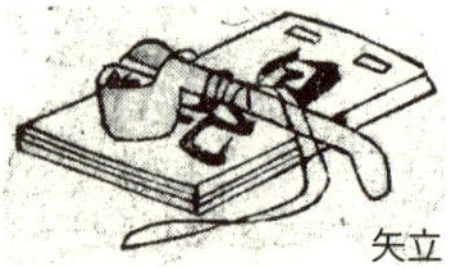
矢立

三河萬歳

盆暮れは掛取の攻防戦が

攻防の台帳、帳面

◆江戸時代は日々の買い物に付け、掛け売りが当たり前。盆暮れの二度、まとまった額を清算することになり、店側の掛取と一戦交えることになる。毎年お盆の時期に参詣に出る『大山詣り』御一行の上半期の支払いは大丈夫か。

新年を迎える準備 年の市

◆門松、注連縄《しめなわ》を始め神棚や神具など、正月用品を売る江戸の年の市。十二月十五日深川八幡、十七日浅草寺、二十日神田明神、二十四日愛宕、二十五日麹町天神。師走に入るとあちこちで市が立った。

年の市

あとがき

本書に取り上げた五十席の噺は、すべて江戸時代の江戸が舞台の落語です。題材が古いといえば古いけれど、よく練り上げられた噺には今生きる我々も大いに共感できます。

少し足りない与太郎にしても、業突く張りの大家でも、皆愛すべき点があって、聴いたあとなんだかほっとします。演者が変わって演出が様変わりしても、完成に至った噺はまた別の楽しみが生まれます。それは、ひととき消費して用済みになる、新しいことが美徳の他の娯楽とは違うところでしょう。熟成しきった古典落語、今更ながらですが深掘りしてみました。お楽しみいただけたら幸いです。

二〇一六年四月　著者

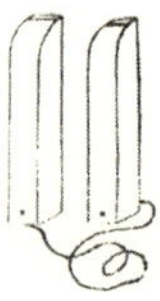

参考資料

＊戯場節用集　＊今様職人尽歌合　＊江戸名所図会　＊質屋すずめ　＊素人庖丁　＊狂言画譜　＊諸職人物画譜　＊世志此銭占　＊頭書増補訓蒙図彙　＊絵本士農工商　＊商売往来絵字引　＊漫画早引　＊戯場訓蒙図彙　＊春色恋染分解　＊一口笑　＊守貞謾稿　＊昭和小銭価格図譜　＊木曾路名所図会　＊家内安全集　＊絵本続江戸土産　＊諸職画鏡　＊宝船桂帆柱　＊商人軍配記　＊小野篁歌字尽　＊両點庭訓往来　＊萬代大雑書古今大成　＊一つぶえりそで一合　＊永代節用無尽蔵　＊人倫訓蒙図彙　＊江戸大節用海内蔵　＊茶湯早指南　＊近世奇跡考　＊鄙都言種　＊絵本江戸みやげ　＊人情腹之巻　＊校本庭訓往来　＊童子専用寺子調法　＊狂歌倭人物初編　＊女用訓蒙図彙　＊吉原細見慶応元年　＊新造図彙　＊北斎画譜　＊北斎道中画譜　＊山海名物図会　＊日本名山図会　＊頭書弁解倡売往来　＊御江戸町尽　＊戯場粋言幕の外　＊纏いろは組ひながた　＊女遊学操鑑　＊神事行燈　＊客者評判記　＊あかん三才図会　＊盆山百景図　＊浮世風呂　＊春柳錦花皿後編　＊明和後期吉原細見　＊日本物産字引　＊川柳江戸名物図絵　＊奥羽道中膝栗毛　＊旅行用心集　＊絵本庭訓往来　＊女大学　＊絵本手引草　＊農家調宝記　＊春柳錦花皿美少年始　＊串戯二日酔　＊東都歳事記　＊増補江戸年中行事　＊貞丈雑記

人物索引

【ま行】

【や行】

【ら行】

【な行】

【は行】

【た行】

【さ行】

索引

著者
飯田泰子（いいだやすこ）　東京生まれ、編集者。企画集団エド代表。江戸時代の庶民の暮らしにかかわる書籍の企画・編集に携わる。主な編著書は『江戸あきない図譜』『江戸あじわい図譜』『江戸いろざと図譜』（以上青蛙房）、『江戸の暮らし図鑑』『江戸萬物事典』『江戸商賣絵字引』『江戸歌舞伎図鑑』（以上芙蓉書房出版）など。落語愛好歴は 40 年。ホール、独演会を中心に渡り歩いて聞いている。贔屓は、6 代目三遊亭円生、8 代目林家正蔵（彦六）、3 代目古今亭志ん朝、当代（10 代目）の柳家小三治。

江戸落語図鑑　―落語国のいとなみ―
2016 年 6 月 16 日　第 1 刷発行
2017 年 3 月 10 日　第 2 刷発行

著　者　飯田泰子
発行所　㈱芙蓉書房出版（代表　平澤公裕）
〒 113-0033 東京都文京区本郷 3-3-13
TEL 03-3813-4466 FAX 03-3813-4615
http://www.fuyoshobo.co.jp
印刷・製本　モリモト印刷
 ISBN978-4-8295-0683-7

【芙蓉書房出版の本】

江戸落語図鑑2
―落語国の町並み―

江戸落語図鑑3
―落語国の人びと―

いま空前の落語ブーム！

舞台になった江戸の町と江戸人の姿を古典落語を題材にビジュアルに理解できる図鑑

★取り上げた古典落語は各巻50席
★江戸期の版本から各巻350点以上の図版を掲載
★登場人物のせりふがいっぱいの「あらすじ」
★現代人にはピンとこない言葉には「脚注」
★「昔はこんな事になってました」とわかる「豆知識」

【江戸落語図鑑2】
長屋は江戸の住まいの基本形／お上公認の「江戸三座」／見世物、物売り、食べ歩き、一日遊べる江戸の広場／江戸の城下は水の都／橋の上、盛り場並みの込みようで、事件揉め事そりゃ起きる……

【江戸落語図鑑3】
長屋は落語国の大看板が勢揃い／招きたくなる長屋の幽霊／横町の知識人、ご隠居さん／町内の色男、建具屋の半公／お家のためにご奉公する番頭さん／本郷にそれなりの屋敷を構える赤井御門守／子供も憧れる落語国の町奉行／奇人変人酔っ払い、犬猫狐狸も出没する落語国の往来風景……

☆八つぁん、熊さん、与太郎、道楽者の若旦那、吉原の花魁、お侍から幽霊、天狗、猫まで
オールスター総出演！☆

飯田泰子著
本体 各1,800円